M. Chandraprabha
T. Akilan
Jaya Sinha

Fundamentos da computação em nuvem

M. Chandraprabha
T. Akilan
Jaya Sinha

Fundamentos da computação em nuvem

-Arquitetura, serviços e virtualização

ScienciaScripts

Imprint

Any brand names and product names mentioned in this book are subject to trademark, brand or patent protection and are trademarks or registered trademarks of their respective holders. The use of brand names, product names, common names, trade names, product descriptions etc. even without a particular marking in this work is in no way to be construed to mean that such names may be regarded as unrestricted in respect of trademark and brand protection legislation and could thus be used by anyone.

Cover image: www.ingimage.com

This book is a translation from the original published under ISBN 978-620-6-77391-7.

Publisher:
Sciencia Scripts
is a trademark of
Dodo Books Indian Ocean Ltd. and OmniScriptum S.R.L publishing group

120 High Road, East Finchley, London, N2 9ED, United Kingdom
Str. Armeneasca 28/1, office 1, Chisinau MD-2012, Republic of Moldova, Europe
Printed at: see last page
ISBN: 978-620-7-98843-3

Sobre o livro

"Cloud Computing Essentials: Architecture, Services, and Virtualization" fornece uma exploração abrangente dos fundamentos e conceitos avançados da computação em nuvem. Começa com uma introdução aprofundada que abrange a definição, a evolução e os princípios subjacentes da computação paralela e distribuída, bem como as caraterísticas da nuvem, a elasticidade e o aprovisionamento a pedido. Em seguida, o livro aprofunda as tecnologias facilitadoras da nuvem, discutindo a Arquitetura Orientada a Serviços (SOA), REST, serviços da Web, o modelo de publicação-assinatura e virtualização, incluindo seus tipos, níveis de implementação, estruturas e suporte para CPUs, memória e dispositivos de E/S, juntamente com a recuperação de desastres. Por fim, este livro aborda a arquitetura, os serviços e o armazenamento em nuvem, detalhando a conceção da arquitetura em nuvem em camadas, a Arquitetura de Referência de Computação em Nuvem do NIST, nuvens públicas, privadas e híbridas e vários modelos de serviços como IaaS, PaaS e SaaS. Também destaca os desafios de conceção da arquitetura e o armazenamento na nuvem, incluindo o armazenamento como serviço, as suas vantagens e fornecedores como o S3. Este livro é ideal para estudantes, profissionais e qualquer pessoa interessada em compreender a fundo a computação em nuvem, oferecendo tanto fundamentos teóricos quanto percepções práticas.

Sobre os autores

M. Chandraprabha

Departamento de IA e DS

Escola de Tecnologia GITAM, Universidade GITAM

Bengaluru (R), Karnataka

T. Akilan

Departamento de IQAC

Universidade de Amity, Calcutá

Bengala Ocidental

Dr. Jaya Sinha

Departamento de CSE

ITS Engineering College

Grande Noida, U.P.

Índice

Capítulo 1
Introdução à computação em nuvem

A computação em nuvem transformou o panorama da computação moderna ao mudar o paradigma da infraestrutura local para servidores remotos acessíveis através da Internet. Engloba uma gama de serviços e modelos de implementação concebidos para fornecer acesso escalável e a pedido a recursos informáticos. Na sua essência, a computação em nuvem permite aos utilizadores armazenar, gerir e processar dados e aplicações sem a necessidade de hardware físico no local. Em vez disso, as organizações e os indivíduos podem tirar partido de uma rede de servidores remotos mantidos por fornecedores de serviços de computação em nuvem. A principal vantagem da computação em nuvem reside na sua escalabilidade. Os utilizadores podem aumentar ou diminuir rapidamente os recursos com base na procura, evitando a necessidade de investimentos dispendiosos em infra-estruturas. Esta flexibilidade é crucial para empresas com cargas de trabalho flutuantes ou picos de procura sazonais. Outra vantagem importante é a relação custo-eficácia. A computação em nuvem funciona segundo um modelo de pagamento conforme o uso, em que os utilizadores pagam apenas pelos recursos que consomem. Isto elimina os custos iniciais associados à compra e manutenção de hardware, tornando-o acessível a empresas de todas as dimensões.

- Os serviços em nuvem são normalmente classificados em três modelos principais:

A Infraestrutura como um Serviço (IaaS) fornece recursos informáticos virtualizados, como máquinas virtuais, armazenamento e componentes de rede através da Internet. Os utilizadores podem gerir e controlar estes recursos enquanto o fornecedor da nuvem gere a infraestrutura subjacente. A plataforma como serviço (PaaS) oferece uma plataforma de desenvolvimento que permite aos utilizadores criar, implementar e gerir aplicações sem se preocuparem com a infraestrutura subjacente. Os programadores podem concentrar-se na codificação e na inovação em vez de se preocuparem com a gestão da infraestrutura. O Software as a Service (SaaS) fornece aplicações de software através da Internet com base numa subscrição. Os utilizadores podem aceder a aplicações alojadas na nuvem sem necessidade de instalação ou manutenção, melhorando a produtividade e a acessibilidade.

- A computação em nuvem também oferece vários modelos de implementação adaptados às necessidades organizacionais:

Os serviços de Nuvem Pública são fornecidos através da Internet e partilhados entre várias organizações. Oferecem escalabilidade e eficiência de custos, ideais para startups e pequenas empresas que procuram minimizar os custos de infraestrutura. A infraestrutura de Nuvem Privada é dedicada a uma única organização e pode ser alojada no local ou por um fornecedor externo. Fornece segurança e controlo melhorados sobre dados e aplicações, tornando-a adequada para organizações com requisitos de conformidade específicos.

A Nuvem Híbrida combina elementos de nuvens públicas e privadas, permitindo que as organizações equilibrem a colocação de cargas de trabalho e a distribuição de dados com base em necessidades específicas. Oferece flexibilidade e escalabilidade, mantendo o controlo sobre dados sensíveis e aplicações críticas.

1.1 Definição de Nuvem

A computação em nuvem refere-se à prestação de serviços de computação através da Internet ("a nuvem"), transformando fundamentalmente a forma como as organizações e os indivíduos acedem e gerem os recursos de TI. Esta mudança de paradigma elimina a tradicional dependência de servidores locais e de infra-estruturas físicas, aproveitando em vez disso uma rede de servidores remotos alojados em centros de dados operados por fornecedores de serviços de computação em nuvem. Estes centros de dados alojam uma vasta gama de recursos informáticos, incluindo máquinas virtuais, sistemas de armazenamento, bases de dados, componentes de rede e aplicações de software, aos quais os utilizadores podem aceder e utilizar a pedido. Os princípios fundamentais da computação em nuvem incluem o autosserviço a pedido, em que os utilizadores podem aprovisionar recursos informáticos de forma autónoma, sem necessidade de intervenção humana, permitindo uma rápida implementação e escalabilidade para satisfazer as flutuações da procura de carga de trabalho. O acesso alargado à rede garante que os serviços de computação em nuvem são acessíveis a partir de vários dispositivos e localizações, facilitando o acesso remoto e a colaboração entre regiões geográficas. O agrupamento de recursos é uma caraterística essencial em que os fornecedores de serviços em nuvem agregam recursos de computação entre vários utilizadores e organizações, optimizando a utilização e a eficiência. Este modelo partilhado permite economias de escala, reduzindo os custos e o desperdício de recursos e melhorando a escalabilidade. A elasticidade rápida é outro aspeto crítico, permitindo que as organizações aumentem ou diminuam os recursos de computação de forma dinâmica em resposta à alteração dos requisitos de carga de trabalho.

Esta elasticidade garante que as empresas podem manter os níveis de desempenho durante os períodos de pico de utilização e otimizar os custos durante os períodos de menor procura. A faturação do serviço medido aumenta ainda mais a eficiência dos custos, cobrando aos utilizadores com base no seu consumo real de recursos informáticos, normalmente numa base de pagamento conforme o uso ou de subscrição, alinhando assim os custos com a utilização e evitando despesas de capital iniciais. A computação em nuvem oferece vários modelos de serviços adaptados a diferentes necessidades organizacionais. A infraestrutura como serviço (IaaS) fornece recursos informáticos virtualizados, como máquinas virtuais, armazenamento e componentes de rede, permitindo aos utilizadores implementar e gerir os seus próprios sistemas operativos e aplicações, enquanto o fornecedor de serviços de computação em nuvem gere a infraestrutura subjacente. A plataforma como serviço (PaaS) oferece uma plataforma e um ambiente de desenvolvimento abrangente que inclui ferramentas, middleware e serviços de tempo de execução para criar, implantar e gerenciar aplicativos sem a complexidade do gerenciamento da infraestrutura. O software como serviço (SaaS) fornece aplicações de software totalmente funcionais através da Internet com base numa assinatura, permitindo aos utilizadores aceder e utilizar aplicações alojadas e mantidas pelo fornecedor de serviços em nuvem sem necessidade de instalação ou manutenção local.

1.2 Evolução da computação distribuída

As grelhas permitem o acesso à partilha de potência de computação e capacidade de armazenamento a partir do seu ambiente de trabalho. A nuvem permite o acesso ao aluguer de potência de computação e capacidade de armazenamento a partir do seu ambiente de trabalho.

-As redes   são uma tecnologia de fonte aberta. Tanto os utilizadores como os fornecedores de recursos podem compreender e contribuir para a gestão da sua rede

-As nuvens   são uma tecnologia proprietária. Apenas o fornecedor de recursos sabe exatamente como a sua nuvem gere os dados, as filas de trabalho, os requisitos de segurança, etc.

-O   conceito de grelhas foi proposto em 1995. O projeto Open Science Grid (OSG) teve início em 1995 O projeto EDG (European Data Grid) teve início em 2001.

-No   final da década de 1990, a Oracle e a EMC ofereceram as primeiras soluções de nuvem privada. No entanto, o termo computação em nuvem só ganhou destaque em 2007.

1.3 Computação escalável através da Internet

Em vez de utilizar um computador centralizado para resolver problemas computacionais, um sistema de computação paralela e distribuída utiliza vários computadores para resolver problemas de grande escala através da Internet. Assim, a computação distribuída torna-se intensiva em dados e centrada na rede.

- A era da informática na Internet
- o As aplicações de computação de alto desempenho (HPC) já não são óptimas para medir o desempenho do sistema
- o A emergência de nuvens de computação exige, pelo contrário, sistemas de computação de alto rendimento (HTC) construídos com tecnologias de computação paralela e distribuída

o   Temos de atualizar os centros de dados utilizando servidores rápidos, sistemas de armazenamento e redes de elevada largura de banda.

+   A evolução da plataforma
o   De 1950 a 1970, um punhado de mainframes, incluindo o IBM 360 e o CDC 6400
o   De 1960 a 1980, minicomputadores de baixo custo, como o DEC PDP 11 e a série VAX
o   De 1970 a 1990, assistiu-se à utilização generalizada de computadores pessoais construídos com microprocessadores VLSI.
o   Entre 1980 e 2000, surgiu um grande número de computadores portáteis e dispositivos pervasivos, tanto em aplicações com fios como sem fios
o   Desde 1990, a utilização de sistemas HPC e HTC escondidos em clusters, grelhas ou nuvens na Internet tem proliferado
o   No que diz respeito à HPC, os supercomputadores (processadores maciçamente paralelos ou MPP) são gradualmente substituídos por agregados de computadores cooperativos, devido ao desejo de partilhar recursos de computação. O cluster é frequentemente uma coleção de nós de computação homogéneos que estão fisicamente ligados a curta distância uns dos outros.
o   No lado HTC, as redes peer-to-peer (P2P) são formadas para partilha distribuída de ficheiros e aplicações de entrega de conteúdos. Um sistema P2P é construído sobre muitas máquinas clientes (um conceito que discutiremos mais adiante no Capítulo 5). As máquinas de pares são distribuídas globalmente por natureza. As plataformas P2P, de computação em nuvem e de serviços Web estão mais direcionadas para
o   aplicações HTC do que em aplicações HPC. As tecnologias de agregação e P2P conduzem ao desenvolvimento de grelhas computacionais ou grelhas de dados.

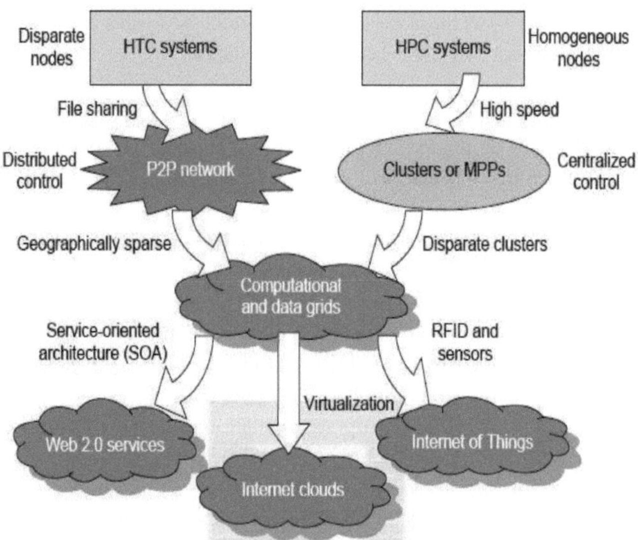

Figure 1.   Tendência evolutiva para a computação paralela, distribuída e em nuvem com clusters, MPPs, redes P2P, Grids, Nuvens, serviços Web e IoT.

o   Durante muitos anos, os sistemas HPC privilegiaram o desempenho em termos de velocidade bruta. A velocidade dos sistemas HPC aumentou de Gflops no início da década de 1990 para Pflops em 2010.

o   O desenvolvimento de sistemas de computação topo de gama orientados para o mercado está a sofrer uma mudança estratégica de um paradigma HPC para um paradigma HTC. Este paradigma HTC presta mais atenção à computação de alto fluxo. A principal aplicação da computação de alto fluxo é a pesquisa na Internet e os serviços Web por milhões ou mais utilizadores em simultâneo. O objetivo de desempenho passa assim a ser medir o elevado rendimento ou o número de tarefas concluídas por unidade de tempo. A tecnologia HTC precisa não só de melhorar em termos de velocidade de processamento em lote, mas também de resolver os graves problemas de custos, poupança de energia, segurança e fiabilidade em muitos centros de computação de dados e empresas.

o   Os avanços na virtualização permitem encarar o crescimento das nuvens da Internet como um novo paradigma de computação. A maturidade da identificação por radiofrequência (RFID), do Sistema de Posicionamento Global (GPS) e das tecnologias de sensores despoletou o desenvolvimento da Internet das Coisas (IoT). Estes novos paradigmas são aqui apenas brevemente apresentados.

o   A comunidade de alta tecnologia debateu-se durante muitos anos sobre as definições exactas de computação centralizada, computação paralela, computação distribuída e computação em nuvem. Em geral, a computação distribuída é o oposto da computação centralizada. O domínio da computação paralela sobrepõe-se em grande medida à computação distribuída e a computação em nuvem sobrepõe-se à computação distribuída, centralizada e paralela.

1.4   Computação centralizada

Este é um paradigma de computação através do qual todos os recursos do computador são centralizados num sistema físico. Todos os recursos (processadores, memória e armazenamento) são totalmente partilhados e fortemente acoplados num sistema operativo integrado. Muitos centros de dados e supercomputadores são sistemas centralizados, mas são utilizados em aplicações de computação paralela, distribuída e em nuvem.

- Computação paralela

Na computação paralela, todos os processadores estão fortemente acoplados com memória partilhada centralizada ou fracamente acoplados com memória distribuída. A comunicação entre processadores é efectuada através da memória partilhada ou da passagem de mensagens. Um sistema informático capaz de computação paralela é normalmente conhecido como computador paralelo. Os programas executados num computador paralelo são designados por programas paralelos. O processo de escrever programas paralelos é muitas vezes referido como programação paralela.

- Computação distribuída

Trata-se de um domínio da ciência/engenharia informática que estuda os sistemas distribuídos. Um sistema distribuído é constituído por vários computadores autónomos, cada um com a sua própria memória privada, que comunicam através de uma rede informática. A troca de informações num sistema distribuído é efectuada através da passagem de mensagens. Um programa de computador que é executado num sistema distribuído é conhecido como programa distribuído. O processo de escrita de programas distribuídos é designado por programação distribuída.

- Computação em nuvem

Uma nuvem de recursos da Internet pode ser um sistema de computação centralizado ou distribuído. A nuvem aplica computação paralela ou distribuída, ou ambas. As nuvens podem ser construídas com recursos físicos ou virtualizados em grandes centros de dados, centralizados ou distribuídos. Alguns autores consideram que a computação em nuvem é uma forma de computação utilitária ou de computação de serviços. Como alternativa aos termos anteriores, alguns na comunidade de alta tecnologia preferem o termo computação simultânea ou programação simultânea. Estes termos referem-se normalmente à união da computação paralela e da computação distribuída, embora os profissionais tendenciosos possam interpretá-los de forma diferente.

- Computação ubíqua

Trata-se da computação com dispositivos omnipresentes em qualquer lugar e em qualquer altura, utilizando comunicações com ou sem fios. A Internet das Coisas (IoT) é uma ligação em rede de objectos do quotidiano, incluindo computadores, sensores, seres humanos, etc. A IoT é apoiada por nuvens de Internet para conseguir uma computação omnipresente com qualquer objeto em qualquer lugar e momento. Por último, o termo "computação na Internet" é ainda mais lato e abrange todos os paradigmas de computação através da Internet. Este livro abrange todos os paradigmas de computação acima referidos, dando maior ênfase à computação distribuída e em nuvem e aos seus sistemas de funcionamento, incluindo os sistemas de clusters, grelhas, P2P e nuvem.

- Internet das coisas

A Internet tradicional liga máquinas a máquinas ou páginas Web a páginas Web. O conceito de IoT foi introduzido em 1999 no MIT. A IoT refere-se à interligação em rede de objectos, ferramentas, dispositivos ou computadores do quotidiano. Podemos ver a IdC como uma rede sem fios de sensores que interliga todas as coisas do nosso quotidiano. Permite que os objectos sejam detectados e controlados remotamente através da infraestrutura de rede existente.

1.5 *Modelos de sistemas para computação distribuída e em nuvem*

Os sistemas de computação distribuída e em nuvem são construídos sobre um grande número de nós de computador autónomos. Estes nós estão interligados por SANs, LANs ou WANs de forma hierárquica. Com a atual tecnologia de ligação em rede, alguns comutadores de LAN podem facilmente ligar centenas de máquinas como um cluster de trabalho. Uma WAN pode ligar muitos clusters locais para formar um cluster de clusters muito grande.

1.5.1 Aglomerados de computadores cooperativos

Um cluster de computação consiste em computadores autónomos interligados que funcionam de forma cooperativa como um único recurso de computação integrado. No passado, os sistemas informáticos agregados demonstraram resultados impressionantes no tratamento de cargas de trabalho pesadas com grandes conjuntos de dados.

1.5.2 Arquitetura de clusters

cluster construído em torno de uma rede de interligação de baixa latência e elevada largura de banda. Esta rede pode ser tão simples como uma SAN ou uma LAN (por exemplo, Ethernet).

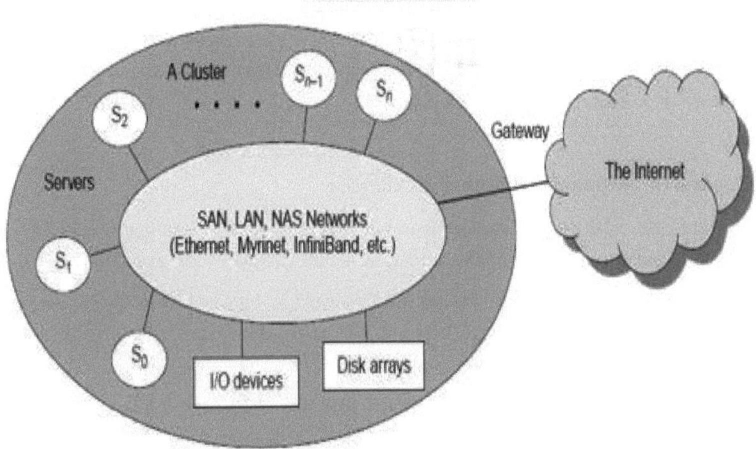

Figure 2. Clusters de servidores

A figura 2 mostra a arquitetura de um cluster de servidores típico construído em torno de uma rede de interligação de baixa latência e elevada largura de banda. Esta rede pode ser tão simples como uma SAN (por exemplo, Myrinet) ou uma LAN (por exemplo, Ethernet).

- Para construir um cluster maior com mais nós, a rede de interligação pode ser construída com vários níveis de Gigabit Ethernet ou comutadores InfiniBand.

- Através da construção hierárquica utilizando uma SAN, LAN ou WAN, é possível criar clusters escaláveis com um número crescente de nós. O cluster está ligado à Internet através de um gateway de rede privada virtual (VPN).

- O endereço IP do gateway localiza o cluster. A imagem do sistema de um computador é decidida pela forma como o SO gere os recursos partilhados do cluster.

A maioria dos clusters tem computadores com nós fracamente acoplados. Todos os recursos de um nó servidor são geridos pelo seu próprio SO. Assim, a maioria dos clusters tem várias imagens de sistema como resultado de ter muitos nós autónomos sob diferentes controlos de SO.

1.5.3 Imagem de sistema único (SSI)

- O cluster ideal deve fundir várias imagens de sistema numa imagem de sistema único (SSI).

- Os projectistas de clusters desejam um sistema operativo de cluster ou algum middleware para suportar SSI a vários níveis, incluindo a partilha de CPUs, memória e E/S em todos os nós do cluster.

Uma SSI é uma ilusão criada por software ou hardware que apresenta uma coleção de recursos como um recurso integrado e poderoso. A SSI faz com que o cluster pareça uma única máquina para o utilizador. Um cluster com várias imagens de sistema não passa de um conjunto de computadores independentes.

1.5.4 Suporte de hardware, software e middleware

- Os clusters que exploram o paralelismo maciço são normalmente conhecidos como MPPs. Quase todos os clusters HPC na lista dos 500 melhores são também MPPs.

- Os blocos de construção são nós de computador (PCs, estações de trabalho, servidores ou SMP), software de comunicação especial, como PVM, e uma placa de interface de rede em cada nó de computador.

A maioria dos clusters funciona com o sistema operativo Linux. Os nós dos computadores estão interligados por uma rede de elevada largura de banda (como Gigabit Ethernet, Myrinet, InfiniBand, etc.). São necessários suportes especiais de middleware de cluster para criar SSI ou alta disponibilidade (HA). Tanto as aplicações sequenciais como as paralelas podem ser executadas no cluster, sendo necessários ambientes paralelos especiais para facilitar a utilização dos recursos do cluster. Por exemplo, a memória distribuída tem várias imagens. Os utilizadores podem querer que toda a memória distribuída seja partilhada por todos os servidores, formando uma memória partilhada distribuída (DSM). Muitas caraterísticas da SSI são dispendiosas ou difíceis de obter em vários níveis operacionais do cluster. Em vez de alcançar a SSI, muitos clusters são máquinas fracamente acopladas. Utilizando a virtualização, é possível criar muitos clusters virtuais de forma dinâmica, a pedido do utilizador.

1.5.5 Computação em nuvem na Internet

- Uma nuvem é um conjunto de recursos informáticos virtualizados.

- Uma nuvem pode alojar uma variedade de cargas de trabalho diferentes, incluindo tarefas de backend em estilo batch e aplicações interactivas e viradas para o utilizador.

- Uma nuvem permite que as cargas de trabalho sejam implantadas e escalonadas rapidamente através do provisionamento rápido de máquinas virtuais ou físicas.

- A nuvem suporta modelos de programação redundantes, auto-recuperáveis e altamente escaláveis que permitem que as cargas de trabalho recuperem de muitas falhas inevitáveis de hardware/software.

- Por último, o sistema de computação em nuvem deve ser capaz de monitorizar a utilização dos recursos em tempo real para permitir o reequilíbrio das atribuições quando necessário.

a. Nuvens da Internet

• A computação em nuvem aplica uma plataforma virtualizada com recursos elásticos a pedido, fornecendo hardware, software e conjuntos de dados de forma dinâmica. A ideia é transferir a computação de secretária para uma plataforma orientada para os serviços, utilizando clusters de servidores e enormes bases de dados em centros de dados.

- A computação em nuvem tira partido do seu baixo custo e simplicidade para beneficiar tanto os utilizadores como os fornecedores.
- A virtualização das máquinas permitiu essa rentabilidade. A computação em nuvem pretende satisfazer simultaneamente muitas aplicações dos utilizadores.

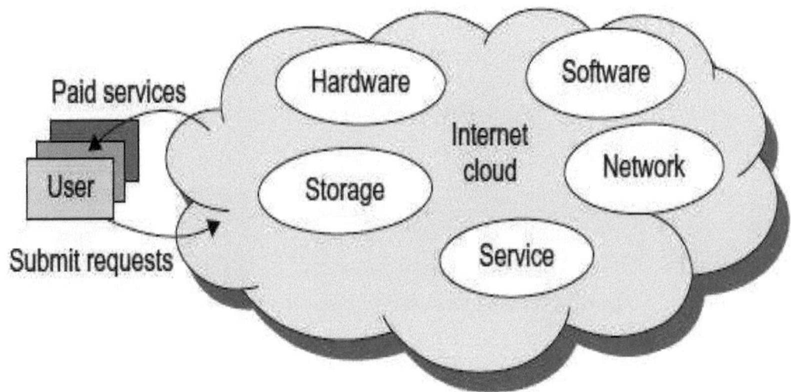

Figure 3.   Nuvem Internet

b. O cenário da nuvem

- O ecossistema de nuvem deve ser projetado para ser seguro, confiável e fiável. Alguns utilizadores de computadores pensam na nuvem como um conjunto de recursos centralizado. Tradicionalmente, um sistema de computação distribuída tende a pertencer e ser operado por um domínio administrativo autónomo (por exemplo, um laboratório de investigação ou uma empresa) para as necessidades de computação no local.
- A computação em nuvem, enquanto paradigma de computação a pedido, resolve ou liberta-nos destes problemas.

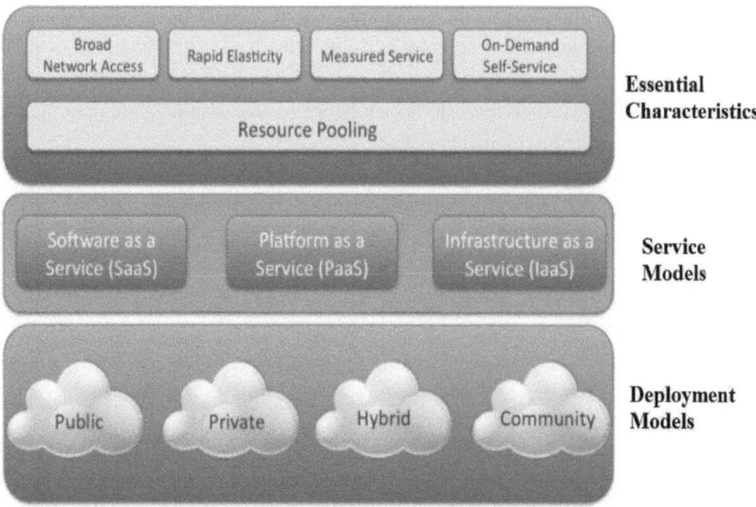

Figure 4. Arquitetura da computação em nuvem

1.6 Razões para adaptar a nuvem para aplicações Internet e serviços Web actualizados

1. Localização desejada em zonas com espaço protegido e maior eficiência energética
2. Partilha da capacidade de pico de carga entre um grande conjunto de utilizadores, melhorando a utilização global
3. Separação das tarefas de manutenção da infraestrutura do desenvolvimento de aplicações específicas do domínio
4. Redução significativa do custo da computação em nuvem, em comparação com os paradigmas de computação tradicionais
5. Programação de computação em nuvem e desenvolvimento de aplicações
6. Descoberta de serviços e dados e distribuição de conteúdos/serviços
7. Questões de privacidade, segurança, direitos de autor e fiabilidade
8. Acordos de serviços, modelos comerciais e políticas de preços
9. A computação em nuvem consiste em utilizar a Internet para aceder ao software de outra pessoa que funciona no hardware de outra pessoa no centro de dados de outra pessoa.
10. O utilizador vê apenas um recurso (HW, SO) mas utiliza virtualmente vários SO. recursos HW, etc.
11. A arquitetura da nuvem utiliza eficazmente a virtualização
12. Um modelo de computação e armazenamento de dados baseado no acesso "pago" a dados "ilimitados"
13. capacidades de centro de dados remoto

14. Uma infraestrutura de nuvem fornece uma estrutura para gerir um acesso escalável, fiável e a pedido às aplicações
15. Os serviços em nuvem fornecem o backend "invisível" a muitas das nossas aplicações móveis
16. Elevado nível de elasticidade do consumo
17. Raízes históricas nas aplicações Internet actuais
18. Pesquisa, correio eletrónico, redes sociais, sítios de comércio eletrónico
19. Armazenamento de ficheiros (Live Mesh, Mobile Me)

Definição

"O National Institute of Standards and Technology (NIST) define a computação em nuvem como um "modelo de pagamento por utilização que permite o acesso à rede disponível, conveniente e a pedido a um conjunto partilhado de recursos de computação configuráveis (por exemplo, redes, servidores, armazenamento, aplicações e serviços) que podem ser rapidamente aprovisionados e libertados com um esforço mínimo de gestão ou de interação com o fornecedor de serviços".

1.7 Evolução da computação em nuvem

- Computação em nuvem Utiliza recursos dinâmicos para fornecer um grande número de serviços aos utilizadores finais.
- É o paradigma da computação de alto rendimento (HTC)
- Permite aos utilizadores partilhar o acesso a recursos a partir de qualquer lugar e em qualquer altura

Evolução do hardware

- Em 1930, foi desenvolvida a aritmética binária
- Tecnologia de processamento informático, terminologia e linguagens de programação.
- Em 1939, foi desenvolvido o computador eletrónico
- Os cálculos foram efectuados utilizando a tecnologia de tubo de vácuo.

- Em 1941, foi desenvolvido o Z3 de Konrad Zuse
- Suporta aritmética binária e de vírgula flutuante. Existem quatro gerações
- Computadores de primeira geração
- Computadores de segunda geração
- Computadores de terceira geração
- Conptabade quarta geração

a. Computadores de primeira geração

Período de tempo: 1942 a 1955

Tecnologia: Tubos de vácuo

Tamanho: Sem muito grande

Processamento: Muito lento

Exemplos:

1. ENIAC (Electronic Numerical Integrator and Computer)

2. EDVAC (Electronic Discrete Variable Automatic Computer)

Vantagens:
- Utilizava tubos de vácuo, que era a tecnologia avançada na altura
- Os cálculos foram efectuados em milissegundos.

Desvantagens:
- Muito grande em tamanho, pesava cerca de 30 toneladas.
- Muito caro.
- Requer maior consumo de energia
- Foi gerada uma grande quantidade de calor.

b. Computadores de segunda geração

Período de tempo: 1956 a 1965.

Tecnologia: Transístores

Tamanho: Mais pequeno

Processamento: Mais rápido o

<u>Exemplos</u>

Honeywell 400

IBM 7094

<u>Vantagens</u>

- Menos calor do que a primeira geração.
- A linguagem Assembly e os cartões perfurados eram utilizados para a introdução de dados.
- Custo mais baixo do que os computadores de primeira geração.
- Os cálculos foram efectuados em microssegundos.
- Melhor portabilidade em comparação com a primeira geração

<u>Desvantagens:</u>

- Era necessário um sistema de arrefecimento.
- Era necessária uma manutenção constante.
- Utilizado apenas para fins específicos

c. Computadores de terceira geração

Período de tempo: 1966 a 1975

Tecnologia: ICs (Circuitos Integrados)

Tamanho: Pequeno em comparação com os computadores de 2ª geração

Processamento: Mais rápido do que os computadores de 2ª geração

<u>Exemplos</u>

- PDP-8 (Processador de Dados Programado)
- PDP-11

<u>Vantagens</u>

- Estes computadores eram mais baratos em comparação com os computadores de geração.
- Foram rápidos e fiáveis.
- O IC não só reduz o tamanho do computador como também melhora o desempenho do computador
- Os cálculos foram efectuados em nanossegundos

- Os chips IC são difíceis de manter.
- A tecnologia altamente sofisticada necessária para o fabrico de chips IC.
- -O ar condicionado é necessário

d. Computadores de quarta geração

Período de tempo: 1975 até à data atual

Tecnologia: Microprocessador

Tamanho: Pequeno em comparação com o computador de terceira geração

Processamento: Mais rápido do que um computador de terceira geração

Exemplos

- IBM 4341
- DEZ 10

Vantagens:

- É o mais rápido em termos de cálculo e o seu tamanho é reduzido em comparação com a geração anterior de computadores. O calor gerado é reduzido.
- É necessária menos manutenção.

Desvantagens:

- A conceção e o fabrico de microprocessadores são muito complexos.
- O ar condicionado é necessário em muitos casos

1.8 Evolução do hardware da Internet

- O Protocolo Internet é o protocolo de comunicações padrão utilizado por todos os computadores na Internet.
- A base concetual para a criação da Internet foi significativamente desenvolvida por três indivíduos.
- Vannevar Bush - MEMIX (1930)
- Norbert Wiener
- Marshall McLuhan
- Licklider foi o fundador da criação da rede AR PANET (Advanced Research Projects Agency Network)

- Clark instalou um minicomputador chamado Interface Message Processor (**IMP**) em cada sítio.

- Programa de Controlo de Rede (**NCP**) - primeiro protocolo de rede que foi utilizado na **ARPANET**

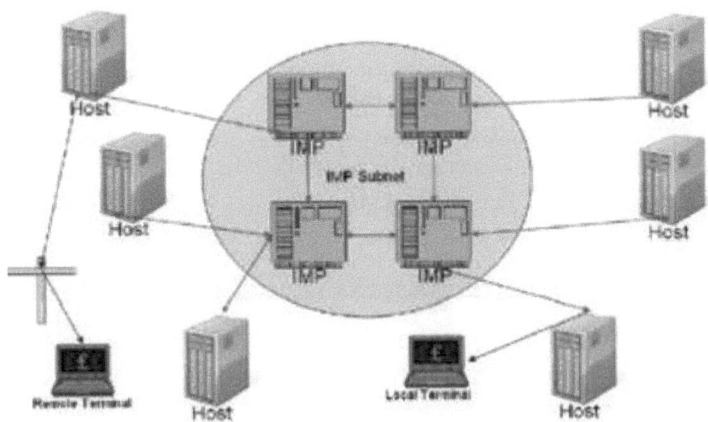

Figure 5. IMP Arquitetura

Evolução do hardware da Internet

- Estabelecimento de um protocolo comum para a Internet

- Evolução do Ipv6

- Encontrar um método comum para comunicar utilizando o protocolo Internet

- Construir uma interface comum para a Internet

- O aparecimento de formações de nuvens de um computador para uma grelha de muitos

a. Estabelecimento de um protocolo comum para a Internet

- O NCP proporcionou essencialmente uma camada de transporte constituída pelo protocolo **ARPANET** anfitrião-hospedeiro (**AIIIIP**) e pelo protocolo de ligação inicial (**ICP**)

- Protocolos de aplicação

- Protocolo de transferência de ficheiros (**FTP**), utilizado para transferências de ficheiros,

- Simple Mail Transfer Protocol (**SMTP**), utilizado para o envio de correio eletrónico Quatro versões do TCP/IP

- TCP vl

- TCP v2

- TCP v3 e IP v3,

- TCP v4 e IP v4

<u>b.Evolução do Ipv6</u>

- O IPv4 nunca foi concebido para ser escalado para níveis globais.

- Para aumentar o espaço de endereçamento disponível, teve de processar grandes pacotes de dados (ou seja, mais bits de dados).

- Para ultrapassar estes problemas, a Internet Engineering Task Force (IETF) desenvolveu o IPv6, que foi lançado em janeiro de 1995.

- O Ipv6 é por vezes designado por Protocolo Internet de Nova Geração (IPNG) ou TCP/IP v6.

<u>c.Encontrar um método comum para comunicar utilizando o protocolo Internet</u>

- Na década de 1960, a palavra ktpertext foi criada por Ted Nelson.

- Em 1962, o primeiro projeto de Engelbart foi o Augment, cujo objetivo era desenvolver ferramentas informáticas para aumentar as capacidades humanas.

- Desenvolveu o rato, a interface gráfica do utilizador (GUI) e o primeiro sistema de hipertexto funcional, denominado NLS (oN-Line System).

- O NLS foi concebido para cruzar referências de documentos de investigação para partilha entre investigadores geograficamente distribuídos.

- Na década de 1980, a Web foi desenvolvida na Europa por Tim Berners-Lee e Robert Cailliau

<u>d.Criação de uma interface comum para a Internet</u>

- A Betters-Lee desenvolveu o primeiro navegador Web com um editor integrado que permitia criar documentos de hipertexto.

- Após este sucesso inicial, Berners-Lee melhorou o servidor e o browser adicionando suporte para o protocolo FTP (File Transfer protocol)

Figure 6. Primeiro navegador Web

- O Mosaic foi o primeiro navegador Web amplamente popular disponível para o público em geral. O Mosaic suporta gráficos, som e clips de vídeo.

- Em outubro de 1994, a Netscape lançou a primeira versão beta do seu programa de navegação, Mozilla 0.96b, através da Internet.

- Em 1995, foi desenvolvido o Microsoft Internet Explorer, que suporta tanto um navegador Web gráfico como o nome de um conjunto de tecnologias.

- O Mozilla Firefox, lançado em novembro de 2004, tornou-se muito popular quase de imediato.

e. O aparecimento de formações de nuvens de um computador para uma grelha de muitos

- Há duas décadas, os computadores eram agrupados para formar um único computador maior, a fim de simular um supercomputador e um maior poder de processamento.

- No início dos anos 90, Ian Foster e Carl Kesselman apresentaram o seu conceito de "The Grid". Utilizaram uma analogia com a rede eléctrica, em que os utilizadores podiam ligar-se e utilizar um serviço de utilidade pública (medido).

- Um dos principais problemas do modelo de agrupamento era a residência dos dados. Devido à natureza distribuída de uma grelha, os nós de computação podem estar em qualquer parte do mundo.

- O Globus Toolkit é um conjunto de ferramentas de software de código aberto utilizado para criar sistemas e aplicações de grelha

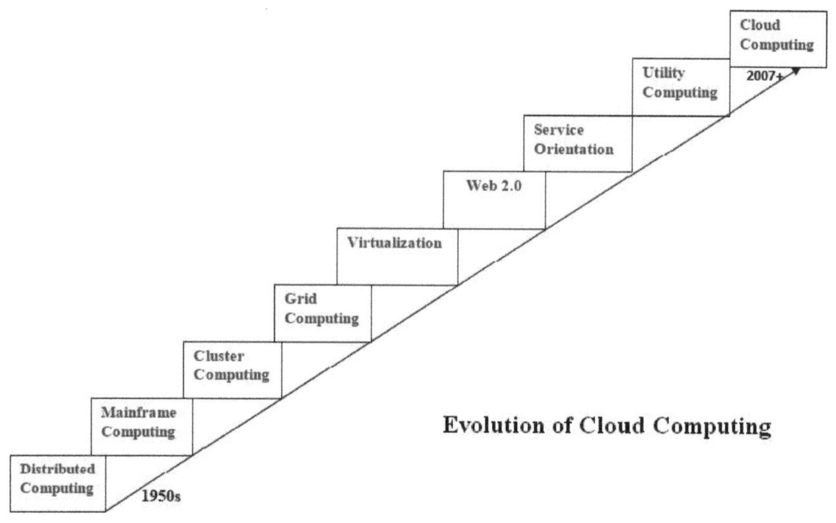

Figure 7. Evolução da computação em nuvem

Evolução dos serviços em nuvem

2008-2009	Motor de aplicações Google Microsoft Azure
2006	S3 lança o EC2
2002	Lançamento da Amazon Web Services
1990	O primeiro marco da chegada da computação em nuvem de salesforce.com
1960	Super computadores Mainframes

1.9 Princípios da computação paralela e distribuída

- Três marcos importantes conduziram à evolução da computação em nuvem

- Mainframes: Grandes instalações de computação que utilizam várias unidades de processamento. Embora os mainframes não possam ser considerados sistemas distribuídos, ofereciam uma grande capacidade de cálculo através da utilização de múltiplos processadores, que eram apresentados aos utilizadores como uma única entidade.
- Clusters: Um avanço tecnológico alternativo à utilização de mainframes e super computadores.
- Grelhas
- Nuvens

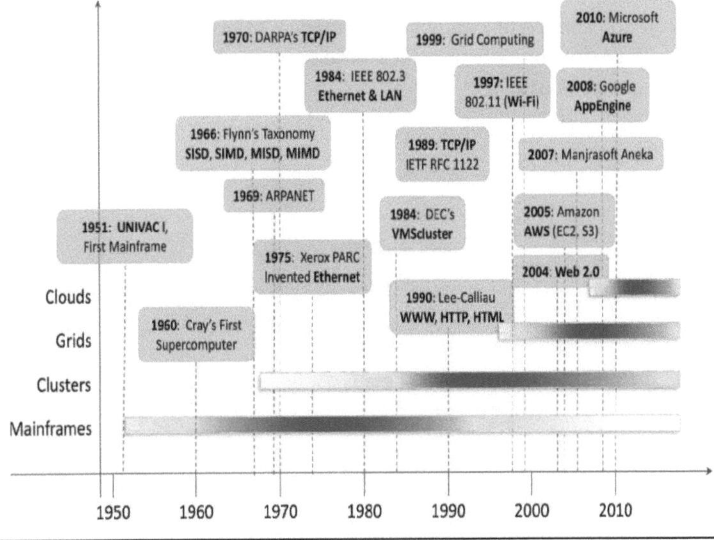

Figure 8. Marcos da evolução da computação em nuvem

1.10 Eras da computação

- Dois modelos fundamentais e dominantes de computação são o sequencial e o paralelo.
    - A era sequencial começou na década de 1940 e a era da computação paralela (e distribuída) seguiu-se-lhe no espaço de uma década.
- Quatro elementos-chave da computação desenvolvidos durante três épocas são
    - Arquitetura
    - Compiladores
    - Aplicações
    - Ambientes de resolução de problemas
- A era da computação começou com o desenvolvimento das **arquitecturas de hardware**, que permitiram a criação de **software de sistema** - nomeadamente na área dos **compiladores e** dos **sistemas operativos** - que suporta a gestão desses sistemas e o desenvolvimento de **aplicações**
- Os termos computação paralela e computação distribuída são **muitas vezes utilizados indistintamente,** embora tenham significados **ligeiramente diferentes.**
- O termo paralelo implica um sistema fortemente acoplado, enquanto que o termo sistemas distribuídos se refere a uma classe mais vasta de sistemas, incluindo os que estão fortemente acoplados.

- Mais precisamente, o termo **computação paralela** refere-se a um modelo em que **a computação é dividida entre vários processadores que partilham a mesma memória.**
- A arquitetura do **sistema de computação paralela** é frequentemente caracterizada pela **homogeneidade dos componentes: cada processador é do mesmo tipo e tem a mesma capacidade que os outros.**

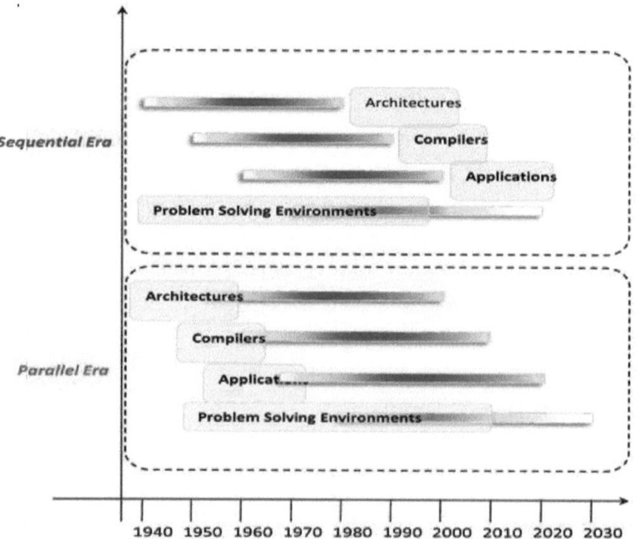

Figure 9. Eras da computação

- A memória partilhada tem um único espaço de endereçamento, que é acessível a todos os processadores.
- Os programas paralelos são então divididos em várias unidades de execução que podem ser atribuídas a diferentes processadores e podem comunicar entre si através de memória partilhada.
- Originalmente, os sistemas paralelos são considerados como as arquitecturas que incluem vários processadores que partilham a mesma memória física e que são considerados um único computador.
  - Com o passar do tempo, estas restrições foram atenuadas e os sistemas paralelos incluem agora todas as arquitecturas que se baseiam no conceito de memória partilhada, quer esta esteja fisicamente presente ou seja criada com o apoio de bibliotecas, hardware específico e uma infraestrutura de rede altamente eficiente.
  - Por exemplo: um cluster em que os nós estão ligados através de uma rede InfiniBand e configurados com um sistema de memória partilhada distribuída pode ser considerado um sistema paralelo.
    - O termo computação distribuída engloba qualquer arquitetura ou sistema que permita que a computação seja dividida em unidades e executada em simultâneo

em diferentes elementos de computação, quer se trate de processadores em nós diferentes, de processadores no mesmo computador ou de núcleos no mesmo processador.

- A computação distribuída inclui uma gama mais vasta de sistemas e aplicações do que a computação paralela e é frequentemente considerada um termo mais geral.
- Embora não seja uma regra, o termo distribuído implica frequentemente que as localizações dos elementos de computação não são as mesmas e que esses elementos podem ser heterogéneos em termos de caraterísticas de hardware e software.
– Exemplos clássicos de sistemas de computação distribuída são
– Grelhas de computação
– Sistemas informáticos para a Internet

1.11 ELASTICIDADE NA COMPUTAÇÃO EM NUVEM

– A elasticidade é definida como a capacidade de um sistema adicionar e remover recursos (como núcleos de CPU, memória, VM e instâncias de contentores) para se adaptar à variação da carga em tempo real.
– A elasticidade é uma propriedade dinâmica da computação em nuvem.
– A elasticidade é o grau em que um sistema é capaz de se adaptar às alterações da carga de trabalho através do aprovisionamento e desprovisionamento de recursos de forma autónoma, de modo a que, em cada momento, os recursos disponíveis correspondam o mais possível à procura atual.

> **Elasticity = Scalability + Automation + Optimization**

– A elasticidade é construída sobre a escalabilidade.
– Pode ser considerado como uma automatização do conceito de escalabilidade e tem como objetivo otimizar ao máximo e o mais rapidamente possível os recursos num determinado momento.
– Outro termo associado à elasticidade é a eficiência, que caracteriza a forma como os recursos da nuvem podem ser utilizados de forma eficiente à medida que aumentam ou diminuem de escala.
– É a quantidade de recursos consumidos para processar uma determinada quantidade de trabalho; quanto mais baixa for esta quantidade, maior é a eficiência de um sistema.
– A elasticidade também introduz um novo fator importante, que é a velocidade.
– O aprovisionamento e o desprovisionamento rápidos são fundamentais para manter um desempenho aceitável no contexto da computação em nuvem
– A qualidade do serviço está sujeita a um acordo de nível de serviço

1.11.1 Classificação

As soluções de elasticidade podem ser organizadas em diferentes classes com base em

    a. Âmbito de aplicação
    b. Política

c. Objetivo

d. Método

a. Âmbito de aplicação

A elasticidade pode ser implementada em qualquer uma das camadas de nuvem.

Mais comummente, a elasticidade é conseguida ao nível do IaaS, em que os recursos a aprovisionar são instâncias de máquinas virtuais.

Outros serviços de infra-estruturas também podem ser escalados

Ao nível da PaaS, a elasticidade consiste em escalar contentores ou bases de dados, por exemplo.

Por último, tanto a elasticidade da PaaS como a da IaaS podem ser utilizadas para implementar aplicações elásticas, seja para uso privado ou para serem fornecidas como SaaS

As acções de elasticidade podem ser aplicadas quer ao nível da infraestrutura quer ao nível da aplicação/plataforma.

As acções de elasticidade executam as decisões tomadas pela estratégia de elasticidade ou pelo sistema de gestão para escalar os recursos.

O Google App Engine e o Azure elastic pool são exemplos de Plataforma como Serviço (PaaS) elástica.

As acções de elasticidade podem ser realizadas ao nível da infraestrutura, onde o controlador de elasticidade monitoriza o sistema e toma decisões.

As infraestruturas de nuvem são baseadas na tecnologia de virtualização, que podem ser VMs ou contentores.

Na elasticidade incorporada, as aplicações elásticas são capazes de ajustar os seus próprios recursos de acordo com os requisitos de tempo de execução ou devido a alterações no fluxo de execução.

Deve haver um conhecimento do código-fonte das aplicações.

Mapa da aplicação: O controlador de elasticidade deve ter um mapa completo dos componentes e instâncias da aplicação.

Código incorporado: O controlador de elasticidade está incorporado no código-fonte da aplicação.

As acções de elasticidade são executadas pela própria aplicação.

Embora a transferência do controlador de elasticidade para o código-fonte da aplicação elimine a utilização de sistemas de monitorização

Deve existir um controlador especializado para cada aplicação.

b. Política

As soluções elásticas podem ser manuais ou automáticas.

Uma solução elástica manual forneceria aos seus utilizadores ferramentas para monitorizar os seus sistemas e adicionar ou remover recursos, mas deixaria a decisão de escalonamento para eles.

Modo automático: Todas as acções são realizadas automaticamente, podendo ser classificadas em modos reactivos e proactivos.

As soluções elásticas podem ser reactivas ou preditivas

Modo reativo: As acções de elasticidade são desencadeadas com base em determinados limiares ou regras, o sistema reage à carga (carga de trabalho ou utilização de recursos) e desencadeia acções para adaptar as alterações em conformidade.

Uma solução elástica é reactiva quando é escalonada a posteriori, com base numa alteração monitorizada no sistema.

Estas são geralmente implementadas por um conjunto de regras Evento-Condição-Ação.

Modo proactivo: Esta abordagem implementa técnicas de previsão, antecipa as necessidades futuras e desencadeia acções com base nessa antecipação.

Uma solução de elasticidade preditiva ou proactiva utiliza o seu conhecimento do historial recente ou de padrões de carga inferidos a partir de períodos de tempo mais longos para prever a carga futura do sistema e escalar de acordo com essa carga.

c. Objetivo

Uma solução elástica pode ter muitos objectivos.

O primeiro que vem à mente é naturalmente o desempenho, caso em que o foco deve ser colocado na sua velocidade.

Outro objetivo da elasticidade pode ser também a eficiência energética, em que a utilização da quantidade mínima de recursos é o fator dominante.

Outras soluções pretendem reduzir o custo através da multiplexagem dos fornecedores de recursos ou dos métodos de elasticidade

A elasticidade tem diferentes objectivos, tais como melhorar o desempenho, aumentar a capacidade dos recursos, poupar energia, reduzir os custos e garantir a disponibilidade.

Quando olhamos para os objectivos de elasticidade, existem diferentes perspectivas.

Os fornecedores de IaaS na nuvem tentam maximizar o lucro minimizando os recursos e oferecendo uma boa qualidade de serviço (QoS),

Os fornecedores de PaaS procuram minimizar o custo que pagam à Nuvem.

Os clientes (utilizadores finais) procuram aumentar a sua qualidade de experiência (QoE) e minimizar os seus pagamentos.

A QdE é o grau de satisfação ou aborrecimento do utilizador de uma aplicação ou serviço

d. Método

Elasticidade vertical, altera a quantidade de recursos ligados a instâncias existentes em tempo real.

Isto pode ser feito de duas maneiras.

O primeiro método consiste em redimensionar explicitamente uma instância de máquina virtual, ou seja, alterar a quota de recursos físicos que lhe são atribuídos.

No entanto, os sistemas operativos comuns não suportam bem esta situação, uma vez que não têm em conta as alterações na CPU ou na memória sem reiniciar, o que resulta numa interrupção do serviço.

O segundo método de escalonamento vertical envolve a migração de VM: a deslocação de uma instância de máquina virtual para outra máquina física com uma carga global diferente altera os seus recursos disponíveis.

O escalonamento horizontal é o processo de adicionar/remover instâncias, que podem estar localizadas em locais diferentes.

Os balanceadores de carga são utilizados para distribuir a carga entre as diferentes instâncias.

O escalonamento vertical é o processo de modificação do tamanho dos recursos (CPU, memória, armazenamento ou ambos) para uma instância em tempo de execução.

Dá mais flexibilidade aos sistemas de computação em nuvem para lidar com as diferentes cargas de trabalho

Migração

A migração também pode ser considerada como uma ação necessária para permitir o escalonamento vertical quando não existem recursos suficientes na máquina anfitriã.

Também é utilizado para outros fins, como a migração de uma VM para uma máquina física menos carregada, apenas para garantir o seu desempenho.

São implementados vários tipos de migração, tais como a migração em direto e a migração sem ser em direto.

A migração em direto tem duas abordagens principais

- Pós-cópia
- Pré-cópia

A migração pós-cópia suspende a VM em migração, copia o estado mínimo do processador para o host de destino, retoma a VM e, em seguida, começa a buscar páginas de memória da origem.

Na abordagem de pré-cópia, as páginas de memória são copiadas enquanto a VM está a ser executada na fonte.

Se algumas páginas forem alteradas (chamadas páginas sujas) durante o processo de cópia de memória, serão recopiadas até que o número de páginas recopiadas seja superior ao de páginas sujas, ou a VM de origem será interrompida.

As páginas sujas restantes serão copiadas para a VM de destino.

Arquitetura

A arquitetura das soluções de gestão da elasticidade pode ser centralizada ou descentralizada.

A arquitetura centralizada tem apenas um controlador de elasticidade, ou seja, o sistema de auto-escalonamento que aprovisiona e desprovisiona recursos.

Em soluções descentralizadas, a arquitetura é composta por muitos controladores de elasticidade ou gestores de aplicações, que são responsáveis pelo aprovisionamento de recursos para diferentes plataformas alojadas na nuvem

Fornecedor

As soluções elásticas podem ser aplicadas a um único ou a vários fornecedores de serviços em nuvem.

Um único fornecedor de serviços de computação em nuvem pode ser público ou privado, com uma ou várias regiões ou centros de dados.

Múltiplas nuvens, neste contexto, significa mais do que um fornecedor de serviços de computação em nuvem.

Inclui nuvens híbridas que podem ser privadas ou públicas, para além das nuvens federadas e do cloud bursting.

A maioria das soluções de elasticidade suporta apenas um único fornecedor de serviços de computação em nuvem

Capítulo 2

TECNOLOGIAS FACILITADORAS DA COMPUTAÇÃO EM NUVEM

2.1. Introdução aos serviços Web

Os serviços Web são parte integrante da computação moderna, permitindo uma interação perfeita entre diferentes aplicações de software através da Internet. Essencialmente, um serviço Web é uma forma normalizada de integrar aplicações baseadas na Web utilizando normas abertas como XML, SOAP, WSDL e UDDI. Estes serviços facilitam a comunicação e o intercâmbio de dados entre sistemas díspares, independentemente das plataformas ou linguagens em que são construídos. Por exemplo, um serviço Web permite que uma aplicação baseada em Java no Windows comunique com uma aplicação .NET no Linux, assegurando a interoperabilidade. Ao exporem uma interface de serviço, os serviços Web permitem que as aplicações consumam funcionalidades através de uma rede, frequentemente via HTTP, tornando-os altamente acessíveis e versáteis. Suportam uma vasta gama de operações, desde pedidos simples, como a obtenção de detalhes do utilizador, até processos empresariais complexos que envolvem vários serviços interligados. Os serviços Web RESTful ganharam popularidade pela sua simplicidade, escalabilidade e desempenho, tirando partido de métodos HTTP padrão, como GET, POST, PUT e DELETE. Os serviços Web são fundamentais para a Arquitetura Orientada para os Serviços (SOA), em que os serviços são componentes reutilizáveis que podem ser orquestrados para criar soluções empresariais abrangentes. Eles desempenham um papel fundamental na computação em nuvem, onde os aplicativos precisam interagir com vários serviços em diferentes ambientes de nuvem. No entanto, a segurança é fundamental, uma vez que estes serviços lidam frequentemente com dados sensíveis. Assim, os serviços Web implementam medidas de segurança robustas, incluindo encriptação, autenticação e autorização, para proteger a integridade e a privacidade dos dados.

Um serviço Web é uma forma normalizada de permitir que diferentes aplicações comuniquem entre si através da Internet ou de uma rede. Utiliza um conjunto de protocolos e normas para permitir o intercâmbio de dados e a integração funcional entre sistemas díspares, independentemente das linguagens de programação ou plataformas em que são construídos.

Principais caraterísticas dos serviços Web:

- Interoperabilidade: Os serviços Web permitem que as aplicações escritas em diferentes linguagens e executadas em diferentes plataformas troquem dados sem problemas. Por exemplo, uma aplicação baseada em Java no Linux pode interagir com uma aplicação .NET no Windows.
- Protocolos padrão: Os serviços Web utilizam normalmente protocolos como HTTP, SOAP (Simple Object Access Protocol) e REST (Representational State

Transfer) para a comunicação. Estes protocolos definem as regras para a transmissão de dados entre sistemas.

- XML e JSON: Os dados trocados entre serviços Web são frequentemente formatados em XML (Extensible Markup Language) ou JSON (JavaScript Object Notation), que são formatos de dados independentes da plataforma.
- Descrições de serviços: A WSDL (Web Services Description Language) é utilizada para descrever as funcionalidades oferecidas por um serviço Web, incluindo os métodos disponíveis, os seus parâmetros e os tipos de retorno. Esta descrição permite aos clientes compreender como interagir com o serviço.
- UDDI: Universal Description, Discovery, and Integration (UDDI) é um serviço de diretório onde as empresas podem registar e descobrir serviços Web. Isto ajuda a localizar os serviços oferecidos por diferentes fornecedores.
- SOAP vs. REST:
  - SOAP (Simple Object Access Protocol): Um protocolo que define uma forma normalizada de efetuar chamadas de procedimento remoto (RPCs) utilizando mensagens XML. É altamente extensível e pode ser utilizado em vários protocolos, não apenas no HTTP.
  - REST (Representational State Transfer): Um estilo de arquitetura que utiliza métodos HTTP padrão (GET, POST, PUT, DELETE) para a comunicação e é frequentemente preferido pela sua simplicidade e desempenho.

Caraterísticas de um Web Service

- Uma interface de serviço Web consiste geralmente num conjunto de operações que podem ser utilizadas por um cliente através da Internet.
- As operações num serviço Web podem ser fornecidas por uma variedade de recursos diferentes, por exemplo, programas, objectos ou bases de dados.
- A principal caraterística da (maioria dos) serviços Web é o facto de poderem processar mensagens SOAP com formato XML. Uma alternativa é a abordagem REST.
- Cada serviço Web utiliza a sua própria descrição de serviço para lidar com as caraterísticas específicas do serviço das mensagens que recebe. Exemplos comerciais incluem a Amazon, Yahoo, Google e eBay.

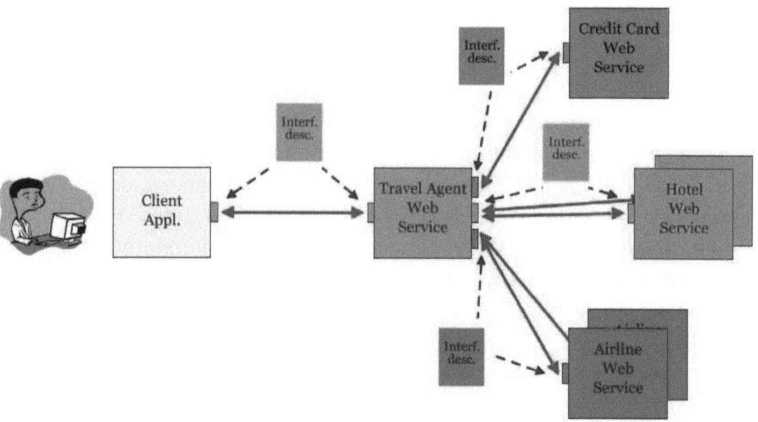

Figure 10. Exemplo - Serviço de agente de viagens

2.2. SOA - Arquitetura orientada para os serviços

- O fornecedor de serviços publica a descrição do serviço (WSDL), por exemplo, num corretor de serviços
- O requisitante de serviços encontra o serviço (no corretor de serviços) e liga-se dinamicamente ao serviço
- Permite a colaboração ad-hoc e a integração de aplicações empresariais (EAI) em sistemas de informação baseados na Web
- SOA é a forma de conceber um sistema de software que utiliza serviços de aplicações novas ou antigas através das suas interfaces publicadas ou detectáveis.
- Estas aplicações são frequentemente distribuídas pelas redes.
- A SOA também tem como objetivo tornar a interoperabilidade dos serviços extensível e eficaz.
- Para apoiar este objetivo, recomenda estilos de arquitetura como o acoplamento flexível, as interfaces publicadas e um modelo de comunicação normalizado.

2.3. Propriedades da SOA

- Visão lógica
- Orientação da mensagem
- Descrição da orientação

- **Visão lógica**
  - A SOA é uma visão lógica e abstrata de programas, bases de dados e processos empresariais reais.
  - Definido em termos do que faz, normalmente executando uma operação a nível empresarial.
  - O serviço é formalmente definido em termos das mensagens trocadas entre os agentes fornecedores e os agentes requisitantes.

- **Orientação da mensagem**

- A estrutura interna dos fornecedores e requisitantes inclui a linguagem de implementação, a estrutura do processo e até a estrutura da base de dados.
- Estas caraterísticas são deliberadamente abstraídas no SOA
- Utilizando a disciplina SOA, não é nem deve ser necessário saber como é construído um agente que implementa um serviço.
- A principal vantagem deste facto diz respeito aos sistemas antigos.
- Ao evitar qualquer conhecimento da estrutura interna de um agente, é possível incorporar qualquer componente de software ou aplicação para aderir à definição formal de serviço.

- **Descrição da orientação**
    - Um serviço é descrito por metadados executáveis por máquina.
    - A descrição apoia o carácter público do SOA.
    - Apenas os pormenores que são expostos ao público e que são importantes para a utilização do serviço devem ser incluídos na descrição.
    - A semântica de um serviço deve ser documentada, direta ou indiretamente, pela sua descrição.

2.4. Realização de SOA (duas formas)

- XML - Serviços Web baseados em SOAP
- A Extensible Markup Language (XML) é uma linguagem de marcação concebida como uma forma normalizada de codificar documentos e dados
- SOAP é o acrónimo de Simple Object Access Protocol. É um protocolo de mensagens baseado em XML para troca de informações entre computadores
- Serviços Web RESTful
- Serviço Web é a terminologia utilizada em todo o lado

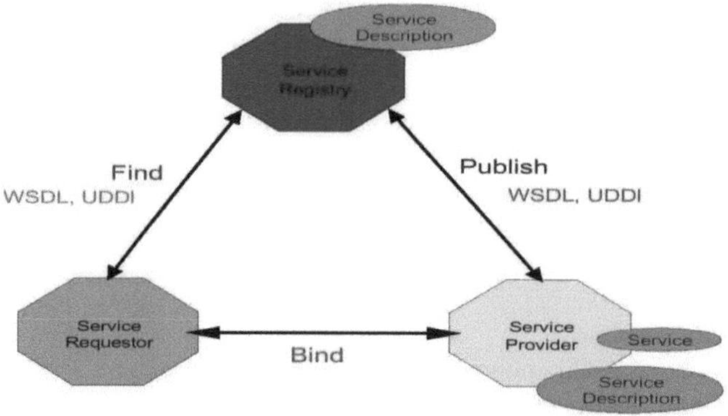

Figure 11. Modelo de arquitetura orientada para os serviços implementado por serviços

Web XML

WSDL - Linguagens de descrição de serviços Web

Fornece uma descrição legível por máquina de como o serviço pode ser chamado, que parâmetros espera e que estruturas de dados devolve.

Utilizado em combinação com SOAP e um esquema XML para fornecer serviços Web através da Internet.

UDDI - Descrição Universal, Descoberta e Integração

- Páginas Brancas - endereço, contacto e identificadores conhecidos;
- Páginas Amarelas - categorizações industriais baseadas em taxonomias padrão;
- Páginas Verdes - informações técnicas sobre os serviços prestados pela empresa.
- Transferência de Estado Representacional (REST)
- As APIs são para componentes de software; uma forma de o software interagir com outro software.
- Os serviços Web são um conjunto de regras e tecnologias que permitem que dois ou mais componentes da Web falem entre si.
- Nem todas as API são serviços Web.
- A API REST é um serviço Web.
- A API REST é uma API que segue as regras da especificação REST.

Um serviço Web é definido por regras:

a) Como é que os componentes de software se vão comunicar?
b) Que tipo de mensagens vão enviar uns aos outros?
c) Como serão tratados os pedidos e as respostas?

HTTP e REST

- O HTTP é um protocolo da camada de aplicação para enviar e receber mensagens através de uma rede.
- REST é uma especificação que determina a forma como os sistemas distribuídos na Web devem comunicar.
- REST é uma forma de implementar e utilizar o protocolo HTTP.

REST e sistemas de sistemas

- A SOA centra-se em aplicações de software fracamente acopladas que funcionam em diferentes domínios administrativos, com base em protocolos e tecnologias comuns, como o HTTP e o XML.
- A SOA está relacionada com os primeiros esforços sobre o estilo de arquitetura dos sistemas distribuídos em grande escala, em especial a Transferência de Estado Representacional (REST).
- A REST continua a ser uma alternativa à complexa tecnologia de serviços Web baseada em normas.
- Utilizado em muitos serviços Web 2.0.
- REST é um estilo de arquitetura de software para sistemas distribuídos, particularmente sistemas hipermédia distribuídos, como a World Wide Web.

Aplicações: Google, Amazon, Yahoo, Facebook e Twitter

Vantagens: Simplicidade, facilidade de publicação e consumo pelos clientes.

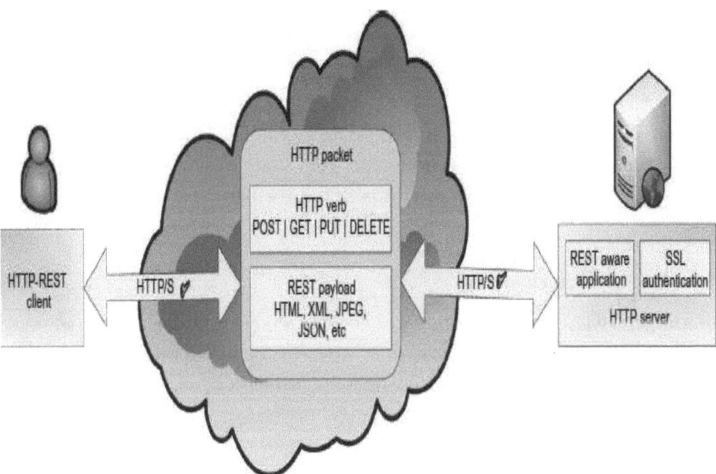

Figure 12. Uma interação REST simples entre o utilizador e o servidor na especificação

HTTP

2.5. Identificação de recursos através de URIs

- O serviço Web RESTful expõe um conjunto de recursos que identificam os alvos de interação com os seus clientes. A principal abstração de informação no REST é um recurso.
- Qualquer informação que possa ser nomeada pode ser um recurso, como um documento ou uma imagem ou um serviço temporal.
- Um recurso é um mapeamento concetual para um conjunto de entidades.
- Cada recurso específico é identificado por um nome único ou, mais precisamente, por um Identificador Uniforme de Recursos (URI).
- O URI é do tipo URL, proporcionando um espaço de endereçamento global para os recursos envolvidos numa interação entre componentes, bem como facilitando a descoberta de serviços.
- Os URIs podem ser marcados ou trocados através de hiperligações.
- Os URIs proporcionam maior legibilidade e potencial de publicidade.

2.6. Interface uniforme e restrita

A interação com os serviços Web RESTful é feita através do protocolo padrão HTTP, cliente/servidor armazenável em cache. Os recursos são manipulados utilizando um conjunto fixo de quatro verbos ou operações CRUD (criar, ler, atualizar, eliminar):

- ❖ PUT
- ❖ OBTER
- ❖ POST
- ❖ APAGAR

- ➢ PUT cria um novo recurso.
- ➢ O recurso pode então ser destruído através da utilização de DELETE.
- ➢ GET recupera o estado atual de um recurso.
- ➢ O POST transfere um novo estado para um recurso.

2.7. Mensagem auto-descritiva

Uma mensagem REST inclui informações suficientes para descrever o modo de processamento da mensagem. Isto permite que os intermediários façam mais com a mensagem sem analisar o conteúdo da mensagem. No REST, os recursos são dissociados da sua representação para que o seu conteúdo possa ser acedido numa variedade de formatos normalizados

Por exemplo: HTML, XML, MIME, texto simples, PDF, JPEG, JSON, etc.

O REST fornece representações múltiplas/alternativas de cada recurso. Os metadados sobre o recurso estão disponíveis e podem ser utilizados para vários fins.

- ➢ Controlo da cache

> Deteção de erros de transmissão
> Autenticação ou autorização
> Controlo de acesso.

2.8. Interações sem estado

As interações REST são "sem estado". A mensagem não depende do estado da conversação. As comunicações sem estado melhoram a visibilidade, a fiabilidade e aumentam a escalabilidade. Diminuem o desempenho da rede ao aumentar os dados repetitivos.

REST - Vantagens

Os serviços Web RESTful podem ser considerados uma alternativa à pilha SOAP ou à "grande Web

Serviços, simplicidade, leveza, integração com HTTP.

Elementos de arquitetura REST

REST Elements	Elements	Example
Data elements	Resource	The intended conceptual target of a hypertext reference
	Resource identifier	URL
	Representation	HTML document, JPEG image, XML, etc.
	Representation metadata	Media type, last-modified time
	Resource metadata	Source link, alternates, vary
	Control data	If-modified-since, cache-control
Connectors	Client	libwww, libwww-perl
	Server	libwww, Apache API, NSAPI
	Cache	Browser cache, Akamai cache network
	Resolver	Bind (DNS lookup library)
	Tunnel	SSL after HTTP CONNECT
Components	Origin server	Apache httpd, Microsoft IIS
	Gateway	Squid, CGI, Reverse Proxy
	Proxy	CERN Proxy, Netscape Proxy, Gauntlet
	User agent	Netscape Navigator, Lynx, MOMspider

2.9. Modelos de subscrição
- Modelo baseado em tópicos
- Modelo baseado no tipo
- Modelo baseado em conceitos
- Modelo baseado em conteúdos

❖ **Modelo baseado em tópicos**
  - Os eventos são agrupados em tópicos.
  - Um subscritor declara o seu interesse por um determinado tópico para receber todos os eventos relacionados com esse tópico.

- Cada tópico corresponde a um canal lógico que liga idealmente cada possível editor a todos os subscritores interessados.
- Requer que as mensagens sejam difundidas em canais lógicos.
- Os subscritores apenas recebem mensagens dos canais lógicos que lhes interessam (e nos quais se inscreveram).

❖ **Modelo baseado no tipo**

- Os eventos de variantes Pub/sub são, na realidade, objectos que pertencem a um tipo específico, podendo assim encapsular atributos e métodos.
- Os tipos representam um modelo de dados mais robusto para o programador de aplicações.
- Aplicar a segurança de tipo no sistema pub/sub, em vez de o fazer no interior da aplicação.
- A declaração de um tipo desejado é o principal atributo discriminatório.

❖ **Modelo baseado em conceitos**

- Permite descrever esquemas de eventos a um nível mais elevado de abstração, utilizando ontologias.
- Fornecer uma base de conhecimentos para uma interpretação inequívoca da estrutura do evento, utilizando metadados e funções de mapeamento.

❖ **Modelo baseado no conteúdo**

- O sistema permite que os subscritores recebam mensagens com base no conteúdo das mesmas. Os próprios subscritores devem separar as mensagens não solicitadas das que pretendem receber.

2.10. Benefícios

a. *Acoplamento flexível*

O editor não tem conhecimento do número de subscritores, das identidades dos subscritores ou dos tipos de mensagens que os subscritores subscreveram.

b. *Segurança melhorada*

A infraestrutura de comunicação transporta as mensagens publicadas apenas para as aplicações que estão inscritas no tópico correspondente.

As aplicações específicas podem trocar mensagens diretamente, excluindo outras aplicações da troca de mensagens.

c. *Melhoria da testabilidade.*

Os tópicos reduzem normalmente o número de mensagens necessárias para os testes.

d. *Separação das preocupações*

Devido à natureza simplista da arquitetura, os programadores podem exercer uma separação fina de preocupações, dividindo os tipos de mensagens para servir um único objetivo simples cada.

Por exemplo, os dados com um tópico "/cats" só devem conter informações sobre gatos.

e. *Redução da carga cognitiva para os assinantes*

Os assinantes não precisam de se preocupar com o funcionamento interno de um editor.

Nem sequer têm de aceder ao código-fonte.

Os subscritores só interagem com o editor através da API pública exposta pelo editor.

2.11. Desvantagens
a. *Maior complexidade.*

Para publicar/assinar, é necessário abordar o seguinte:

Conceber um esquema de classificação de mensagens para a implementação de tópicos.

Para implementar o mecanismo de subscrição.

Para modificar o editor e os assinantes.

b. *Aumento do esforço de manutenção.*

A gestão dos temas requer um trabalho de manutenção.

As organizações que mantêm muitos tópicos têm normalmente procedimentos formais para a sua utilização.

c. *Diminuição do desempenho*

A gestão das subscrições aumenta as despesas gerais.

Esta sobrecarga aumenta a latência da troca de mensagens e esta latência diminui o desempenho.

d. *Inflexibilidade dos dados enviados pelo editor*

O modelo de publicação/subscrição introduz um elevado acoplamento semântico nas mensagens transmitidas pelos editores aos subscritores.

Uma vez estabelecida a estrutura dos dados, torna-se difícil alterá-la.

Para alterar a estrutura das mensagens, todos os assinantes devem ser alterados para aceitar o formato alterado

e. *Instabilidade de entrega*

O editor não tem um conhecimento perfeito do estado dos sistemas que escutam as mensagens.

Por exemplo, a publicação/subscrição é normalmente utilizada para sistemas de registo.

Se um registador que subscreva o tipo de mensagem "Crítico" se avariar ou ficar preso numa mensagem de erro

as mensagens "críticas" podem perder-se!

Assim, quaisquer serviços que dependam das mensagens de erro não terão conhecimento dos problemas com o editor.

2.12. Aplicações

Utilizado numa vasta gama de aplicações de comunicação em grupo, incluindo

- Distribuição de software
- Televisão por Internet
- Áudio ou videoconferência
- Sala de aula virtual
- Jogos de rede multipartidos
- Atualização da cache distribuída

Também pode ser utilizado em aplicações de comunicação de grupo de maior dimensão, como a radiodifusão e a distribuição de conteúdos.

- Serviços de notícias e desporto
- Cotações e actualizações de acções em tempo real
- Seguidor de mercado
- Sites populares de rádio na Internet

2.13. Virtualização

- A virtualização é uma técnica que permite partilhar uma única instância física de uma aplicação ou recurso entre várias organizações ou inquilinos (clientes).
- A virtualização é uma tecnologia comprovada que torna possível executar vários sistemas operativos e aplicações no mesmo servidor ao mesmo tempo.
- A virtualização é o processo de criação de uma versão lógica (virtual) de um sistema operativo de servidor, de um dispositivo de armazenamento ou de serviços de rede.
- A tecnologia que está por detrás da virtualização é conhecida como monitor de máquina virtual (VM) ou gestor virtual, que separa os ambientes de computação da infraestrutura física real.
- Virtualização - a abstração de recursos informáticos.
- A virtualização oculta as caraterísticas físicas dos recursos informáticos dos seus utilizadores, aplicações ou utilizadores finais.
- Isto inclui fazer com que um único recurso físico (como um servidor, um sistema operativo, uma aplicação ou um dispositivo de armazenamento) pareça funcionar como vários recursos virtuais.
- Também pode incluir fazer com que vários recursos físicos (como dispositivos de armazenamento ou servidores) apareçam como um único recurso virtual.
- Em informática, a virtualização refere-se ao ato de criar uma versão virtual (em vez de real) de algo, como plataformas de hardware, sistemas operativos, dispositivos de armazenamento e recursos de rede informática

- Criação de uma máquina virtual sobre o sistema operativo e o hardware existentes.
- Máquina anfitriã: A máquina na qual a máquina virtual é criada.
- Máquina convidada: máquinas virtuais referidas como máquina convidada.
- Hipervisor: O hipervisor é um firmware ou programa de baixo nível que actua como um gestor de máquinas virtuais.

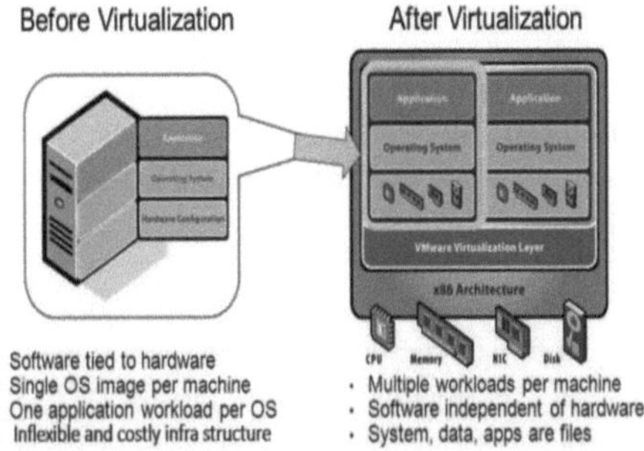

Figure 13. Exemplo de virtualização

Vantagens da virtualização

1. Redução de custos.

2. Utilização eficiente do hardware.

3. A virtualização leva a uma melhor utilização dos recursos e aumenta o desempenho

4. Testes para o desenvolvimento de software.

5. Aumentar a disponibilidade

6. Poupar energia

7. Transferir toda a sua infraestrutura local para a nuvem num dia

8. Possibilidade de divisão dos serviços

9. Aplicação em execução não suportada pelo anfitrião.

Desvantagens da virtualização:

1. Custos adicionais.

2. Licenciamento de software.

2.14. Níveis de implementação da virtualização

A virtualização é uma tecnologia de arquitetura informática através da qual várias máquinas virtuais (VMs) são multiplexadas na mesma máquina de hardware. O objetivo de uma VM é aumentar a partilha de recursos por muitos utilizadores e melhorar o desempenho do computador em termos de utilização de recursos e flexibilidade das aplicações.

Os recursos de hardware (CPU, memória, dispositivos de E/S, etc.) ou de software (sistema operativo e bibliotecas de software) podem ser virtualizados em várias camadas funcionais.

A ideia é separar o hardware do software para melhorar a eficiência do sistema. Por exemplo, os utilizadores de computadores passaram a ter acesso a um espaço de memória muito maior quando foi introduzido o conceito de memória virtual. Do mesmo modo, as técnicas de virtualização podem ser aplicadas para melhorar a utilização de motores de computação, redes e armazenamento.

Níveis de virtualização:

Um computador tradicional funciona com um sistema operativo anfitrião especialmente adaptado à sua arquitetura de hardware, como mostra a Figura 2.11 (a). Após a virtualização, diferentes aplicações de utilizador geridas pelos seus próprios sistemas operativos (SO convidado) podem ser executadas no mesmo hardware, independentemente do SO anfitrião.

Isso geralmente é feito com a adição de software adicional, chamado de camada de virtualização, conforme mostrado na Figura 2.11 (b). Essa camada de virtualização é conhecida como hipervisor ou monitor de máquina virtual (VMM). As VMs são mostradas nas caixas superiores, onde os aplicativos são executados com seu próprio sistema operacional convidado sobre os recursos virtualizados de CPU, memória e E/S. A principal função da camada de software para virtualização é virtualizar o hardware físico de uma máquina host em recursos virtuais a serem usados exclusivamente pelas VMs. O software de virtualização cria a abstração das VMs através da interposição de uma camada de virtualização a vários níveis de um sistema informático. As camadas de virtualização comuns incluem o nível da arquitetura do conjunto de instruções (ISA), o nível do hardware, o nível do sistema operativo, o nível de suporte da biblioteca e o nível da aplicação.

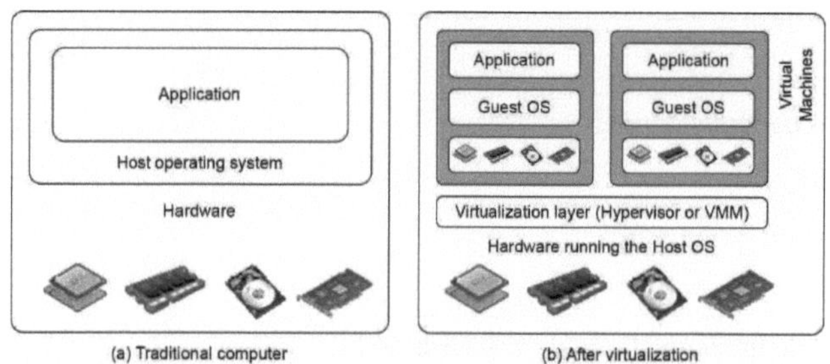

Figure 14. A arquitetura de um sistema informático antes e depois da virtualização

Nível de arquitetura do conjunto de instruções:

Ao nível do ISA, a virtualização é efectuada através da emulação de um determinado ISA pelo ISA da máquina anfitriã. Por exemplo, o código binário MIPS pode ser executado numa máquina anfitriã baseada em x86 com a ajuda da emulação ISA. Com esta abordagem, é possível executar uma grande quantidade de código binário antigo escrito para vários processadores em qualquer máquina anfitriã de hardware novo. A emulação do conjunto de instruções leva à criação de ISAs virtuais em qualquer máquina de hardware.

O método básico de emulação é através da interpretação do código. Um programa intérprete interpreta as instruções de origem para instruções de destino, uma a uma. Uma instrução de origem pode exigir dezenas ou centenas de instruções de destino nativas para executar a sua função. Obviamente, este processo é relativamente lento. Para um melhor desempenho, é desejável uma tradução binária dinâmica.

Esta abordagem traduz blocos básicos de instruções de origem dinâmica para instruções de destino. Os blocos básicos também podem ser alargados a traços de programa ou super-blocos para aumentar a eficiência da tradução. A emulação de conjuntos de instruções requer tradução e otimização binárias. Assim, uma arquitetura de conjunto de instruções virtual (V-ISA) requer a adição de uma camada de tradução de software específica do processador ao compilador.

Hipervisor e arquitetura Xen:

O hipervisor suporta a virtualização ao nível do hardware em dispositivos bare metal, como CPU, memória, disco e interfaces de rede. O software do hipervisor situa-se diretamente entre o hardware físico e o respetivo SO. Esta camada de virtualização é designada por VMM ou hipervisor. O hipervisor fornece hiperchamadas para os sistemas operativos e aplicações convidados. Dependendo da funcionalidade, um hipervisor pode assumir uma arquitetura de micro-kernel como o Microsoft Hyper-V. Ou pode assumir uma arquitetura de hipervisor monolítico, como o VMware ESX para virtualização de servidores.

Um hipervisor de micro-kernel inclui apenas as funções básicas e imutáveis (como a gestão da memória física e o agendamento do processador). Os controladores de dispositivo e outros componentes modificáveis estão fora do hipervisor. Um hipervisor monolítico implementa todas as funções acima mencionadas, incluindo as dos controladores de dispositivos.

Por conseguinte, o tamanho do código do hipervisor de um hipervisor de micro-kernel é mais pequeno do que o de um hipervisor monolítico. Essencialmente, um hipervisor deve ser capaz de converter dispositivos físicos em recursos virtuais dedicados para utilização pela VM implementada.

A arquitetura Xen:

Os componentes principais de um sistema Xen são o hipervisor, o kernel e as aplicações. A organização dos três componentes é importante. Como outros sistemas de virtualização, muitos SOs convidados podem ser executados sobre o hipervisor. No entanto, nem todos os SOs convidados são criados da mesma forma, e um em particular controla os outros.

O SO convidado, que tem capacidade de controlo, é chamado Domínio 0 e os outros são chamados Domínio U. O Domínio 0 é um SO convidado privilegiado do Xen. Ele é carregado pela primeira vez quando o Xen é inicializado sem que nenhum driver de sistema de arquivos esteja disponível. O Domínio 0 foi concebido para aceder diretamente ao hardware e gerir dispositivos. Portanto, uma das responsabilidades do Domínio 0 é alocar e mapear recursos de hardware para os domínios convidados (os domínios do Domínio U).

2.15. Virtualização de CPU, memória e dispositivos de E/S

Para suportar a virtualização, processadores como o x86 empregam um modo de execução e instruções especiais, conhecidos como virtualização assistida por hardware. Desta forma, o VMM e o SO convidado são executados em modos diferentes e todas as instruções sensíveis do SO convidado e das suas aplicações ficam retidas no VMM. Para economizar os estados do processador, os modos de bruxaria são completados por hardware. Para a arquitetura x86, a Intel e a AMD possuem tecnologias proprietárias para a virtualização assistida por hardware.

Suporte de hardware para virtualização: Os sistemas operativos e processadores modernos permitem a execução de vários processos em simultâneo. Se não existir um mecanismo de proteção num processador, todas as instruções de diferentes processos acederão diretamente ao hardware e causarão uma falha no sistema. Por isso, todos os processadores têm pelo menos dois modos, o modo de utilizador e o modo de supervisor, para garantir o acesso controlado a hardware crítico. As instruções executadas no modo supervisor são chamadas instruções privilegiadas. As outras instruções são instruções não privilegiadas. Num ambiente virtualizado, é mais difícil fazer com que os SOs e as aplicações funcionem corretamente porque existem mais camadas na pilha da máquina.

Virtualização da CPU:

Uma VM é um duplicado de um sistema informático existente em que a maioria das instruções da VM são executadas no processador anfitrião em modo nativo. Assim, as instruções não privilegiadas das VMs são executadas diretamente na máquina anfitriã para uma maior eficiência. Outras instruções críticas devem ser tratadas cuidadosamente para garantir a correção e a estabilidade. As instruções críticas são divididas em três categorias:

Instruções privilegiadas - As instruções privilegiadas são executadas num modo privilegiado e serão bloqueadas se forem executadas fora desse modo.

Instruções sensíveis ao controlo - As instruções sensíveis ao controlo tentam alterar a configuração dos recursos utilizados.

Instruções sensíveis ao comportamento - As instruções sensíveis ao comportamento têm comportamentos diferentes consoante a configuração dos recursos, incluindo as operações de carregamento e armazenamento na memória virtual.

Uma arquitetura de CPU é virtualizável se suportar a capacidade de executar as instruções privilegiadas e privilegiadas da VM no modo de utilizador da CPU enquanto o VMM é executado no modo de supervisor. Quando as instruções privilegiadas, incluindo as instruções sensíveis ao controlo e ao comportamento de uma VM, são executadas, ficam retidas no VMM. Neste caso, o VMM actua como um mediador unificado para o acesso ao hardware de diferentes VMs para garantir a correção e a estabilidade de todo o sistema. As arquitecturas de CPU RISC podem ser virtualizadas naturalmente porque todas as instruções sensíveis ao controlo e ao comportamento são instruções privilegiadas.

Virtualização de CPU assistida por hardware:

Esta técnica tenta simplificar a virtualização porque a virtualização total ou parcial é complicada. A Intel e a AMD adicionam um modo adicional chamado nível de modo de privilégio (algumas pessoas chamam-lhe Ring-1) aos processadores x86. Assim, os sistemas operativos podem continuar a ser executados no Anel 0 e o hipervisor pode ser executado no Anel -1. Todas as instruções privilegiadas e sensíveis são automaticamente bloqueadas no hipervisor. Esta técnica elimina a dificuldade de implementar a tradução binária da virtualização completa. Também permite que o sistema operativo seja executado em VMs sem modificações.

Virtualização de memória:

A virtualização da memória virtual é semelhante ao suporte de memória virtual fornecido pelos sistemas operativos modernos. Num ambiente de execução tradicional, o sistema operativo mantém mapeamentos da memória virtual para a memória da máquina utilizando tabelas de páginas, que é um mapeamento de uma fase da memória virtual para a memória da máquina. Todas as CPUs x86 modernas incluem uma unidade de gestão de memória (MMU) e uma memória intermédia de tradução (TLB) para otimizar o desempenho da memória virtual.

No entanto, num ambiente de execução virtual, a virtualização da memória virtual envolve a partilha da memória física do sistema na RAM e a sua atribuição dinâmica à memória física das VMs. Isto significa que o SO convidado e o VMM devem manter um processo de mapeamento em duas fases, respetivamente: memória virtual para memória física e memória física para memória da máquina. Além disso, deve ser suportada a virtualização da MMU, que é transparente para o SO convidado. O SO convidado continua a controlar o mapeamento dos endereços virtuais para os endereços de memória física das VMs. Mas o SO convidado não pode aceder diretamente à memória real da máquina. O VMM é responsável pelo mapeamento da memória física do convidado para a memória real da máquina. A Figura 2.16 mostra o procedimento de mapeamento de memória em dois níveis.

Virtualização de E/S:

A virtualização de E/S envolve a gestão do encaminhamento de pedidos de E/S entre dispositivos virtuais e o hardware físico partilhado. Existem três formas de implementar a virtualização de E/S:

- Emulação total do dispositivo
- Para virtualização
- E/S direta

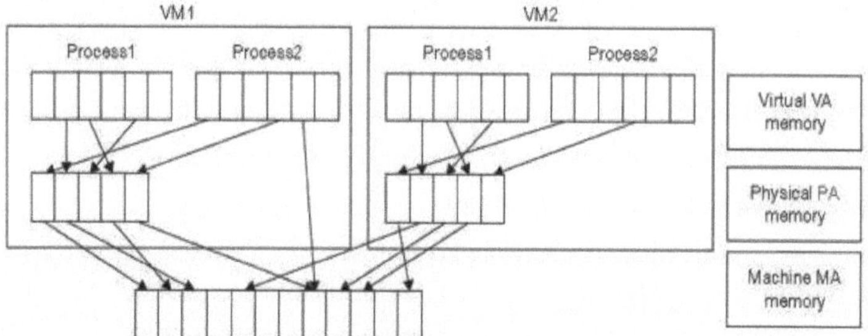

Figure 15. Procedimento de mapeamento de memória de dois níveis

A emulação completa de dispositivos é a primeira abordagem para a virtualização de E/S. Geralmente, esta abordagem emula dispositivos bem conhecidos do mundo real. Todas as funções de um dispositivo ou infraestrutura de barramento, como enumeração de dispositivos, identificação, interrupções e DMA, são replicadas em software. Este software está localizado no VMM e actua como um dispositivo virtual. Os pedidos de acesso de E/S do SO convidado são retidos no VMM, que interage com os dispositivos de E/S.

Um único dispositivo de hardware pode ser partilhado por várias VMs que são executadas em simultâneo. No entanto, a emulação de software é muito mais lenta do que o hardware que emula. O método de virtualização para virtualização de E/S é tipicamente usado no Xen. Ele também é conhecido como modelo de driver dividido, que consiste em um driver de front-end e um driver de back-end. O driver de frontend é executado no Domínio U e o driver de backend é executado no Domínio 0. Eles interagem entre si através de um bloco de memória compartilhada. O controlador de frontend gere os pedidos de E/S dos SO convidados e o controlador de backend é responsável pela gestão dos dispositivos de E/S reais e pela multiplexagem dos dados de E/S de diferentes VM. Embora a virtualização de E/S para alcance um melhor desempenho do dispositivo do que a emulação completa do dispositivo, ela vem com uma sobrecarga maior da CPU.

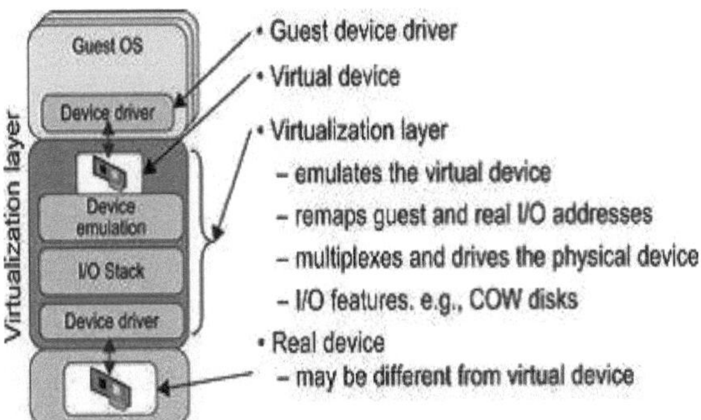

Figure 16. Emulação de dispositivo para virtualização de E/S implementada

Virtualização em processadores multi-core:

A virtualização de um processador multi-core é relativamente mais complicada do que a virtualização de um processador unicore. Embora se afirme que os processadores multicore têm um desempenho superior ao integrarem vários núcleos de processador num único chip, a virtualização de vários núcleos levantou alguns novos desafios aos arquitectos de computadores, construtores de compiladores, designers de sistemas e programadores de aplicações.

Existem principalmente duas dificuldades: Os programas de aplicação devem ser paralelizados para utilizar todos os núcleos na totalidade e o software deve atribuir explicitamente tarefas aos núcleos, o que é um problema muito complexo.

Suporte de virtualização e recuperação de desastres:

Uma caraterística muito distintiva da infraestrutura de computação em nuvem é a utilização da virtualização do sistema e a modificação das ferramentas de aprovisionamento. As virtualizações de servidores num cluster partilhado podem consolidar os serviços Web. Uma vez que as VMs são os contentores dos serviços em nuvem, as ferramentas de aprovisionamento começam por encontrar as máquinas físicas correspondentes e implementam as VMs nesses nós antes de programarem o serviço para ser executado nos nós virtuais.

Além disso, na computação em nuvem, a virtualização também significa que os recursos e a infraestrutura fundamental são virtualizados. O utilizador não se preocupa com os recursos informáticos que são utilizados para fornecer os serviços. Os utilizadores da nuvem não precisam de saber e não têm forma de descobrir os recursos físicos envolvidos no processamento de um pedido de serviço.

Além disso, os programadores de aplicações não se preocupam com algumas questões de infraestrutura, como a escalabilidade e a tolerância a falhas (ou seja, são virtualizadas). Os programadores de aplicações concentram-se na lógica do serviço. A Figura 2.18

mostra a infraestrutura necessária para virtualizar os servidores em um centro de dados para implementar aplicações específicas de nuvem.

Virtualização de hardware

Em muitos sistemas de computação em nuvem, o software de virtualização é utilizado para virtualizar o hardware. O software de virtualização de sistemas é um tipo especial de software que simula a execução do hardware e executa até sistemas operativos não modificados. Os sistemas de computação em nuvem utilizam software de virtualização como ambiente de execução de software antigo, como sistemas operativos antigos e aplicações invulgares. O software de virtualização é também utilizado como plataforma para o desenvolvimento de novas aplicações em nuvem que permitem aos programadores utilizar os sistemas operativos e ambientes de programação que desejarem.

O ambiente de desenvolvimento e o ambiente de implantação podem agora ser o mesmo, o que elimina alguns problemas de tempo de execução. Alguns fornecedores de computação em nuvem utilizaram a tecnologia de virtualização para fornecer este serviço aos programadores. Como mencionado anteriormente, o software de virtualização do sistema é considerado o mecanismo análogo ao hardware para executar um sistema operacional não modificado, geralmente em hardware simples diretamente, sobre o software. A Tabela 4.4 lista alguns dos softwares de virtualização de sistemas em amplo uso no momento em que este texto foi escrito. Atualmente, as VMs instaladas em uma plataforma de computação em nuvem são usadas principalmente para hospedar programas de terceiros. As VMs fornecem serviços de tempo de execução flexíveis para liberar os usuários de se preocuparem com o ambiente do sistema

A utilização de VMs numa plataforma de computação em nuvem garante uma flexibilidade extrema para os utilizadores. Como os recursos informáticos são partilhados por muitos utilizadores, é necessário um método para maximizar os privilégios dos utilizadores e mantê-los separados em segurança. A partilha tradicional de recursos de clusters depende do mecanismo de utilizador e de grupo num sistema. Esta partilha não é flexível. Os utilizadores não podem personalizar o sistema para os seus fins especiais. Os sistemas operativos não podem ser alterados. A separação não é completa.

Um ambiente que satisfaz os requisitos de um utilizador não pode, muitas vezes, satisfazer outro utilizador. A virtualização permite que os utilizadores tenham privilégios totais, mantendo-os separados. Os utilizadores têm acesso total às suas próprias VMs, que estão completamente separadas das VMs de outros utilizadores. Várias VMs podem ser montadas no mesmo servidor físico. Diferentes VMs podem ser executadas com diferentes sistemas operativos. Também precisamos de estabelecer o armazenamento em disco virtual e as redes virtuais necessárias para as VMs. Os recursos virtualizados formam um pool de recursos.

A virtualização é efectuada por servidores especiais dedicados a gerar o conjunto de recursos virtualizados. A infraestrutura virtualizada (caixa preta no meio) é construída com muitos gestores de integração de virtualização. Estes gestores tratam das cargas, dos recursos, da segurança, dos dados e das funções de aprovisionamento.

Suporte de virtualização em nuvens públicas

O AWS fornece extrema flexibilidade (VMs) para os utilizadores executarem as suas próprias aplicações. O GAE fornece virtualização limitada ao nível da aplicação para que os utilizadores criem aplicações apenas com base nos serviços criados pelo Google. A Microsoft fornece virtualização ao nível da programação (virtualização .NET) para os utilizadores criarem as suas aplicações. As ferramentas VMware aplicam-se a estações de trabalho, servidores e infra-estruturas virtuais. As ferramentas da Microsoft são utilizadas em PCs e em alguns servidores especiais. A ferramenta Xen Enterprise aplica-se apenas a servidores baseados em Xen.

Todos estão interessados na nuvem; toda a indústria de TI está a avançar para a visão da nuvem. A virtualização conduz à HA, à recuperação de desastres, ao nivelamento dinâmico da carga e a um suporte de aprovisionamento rico. Tanto a computação em nuvem como a computação utilitária tiram partido das vantagens da virtualização para fornecer um ambiente de computação escalável e autónomo.

Virtualização de armazenamento para centros de dados ecológicos

O consumo de energia das TI nos Estados Unidos mais do que duplicou para 3% do total de energia consumida no país. O grande número de centros de dados no país contribuiu em grande medida para esta crise energética. Mais de metade das empresas da Fortune 500 estão a implementar ativamente novas políticas energéticas empresariais. Inquéritos recentes da IDC e da Gartner confirmam o facto de a virtualização ter tido um grande impacto na redução de custos devido à diminuição do consumo de energia nos sistemas informáticos físicos. Esta situação alarmante fez com que o sector das TI se tornasse mais consciente do consumo de energia.

Com a pouca evolução dos recursos energéticos alternativos, há uma necessidade iminente de conservar a energia em todos os computadores. A virtualização e a consolidação de servidores já provaram ser úteis neste aspeto. Os centros de dados ecológicos e as vantagens da virtualização do armazenamento são considerados para reforçar ainda mais a sinergia da computação ecológica.

Capítulo 3
ARQUITECTURA, SERVIÇOS E ARMAZENAMENTO EM NUVEM

3.1 Conceção da arquitetura genérica da nuvem:

Uma nuvem na Internet é concebida como um conjunto público de servidores aprovisionados a pedido para executar serviços Web colectivos ou aplicações distribuídas utilizando recursos de centros de dados.

❑ Objectivos de conceção da plataforma de computação em nuvem

❑ Tecnologias capacitantes para nuvens

❑A Arquitetura genérica da nuvem

Objectivos de conceção da plataforma de computação em nuvem

❑ Escalabilidade

❑ Virtualização

❑ Eficiência

❑ Fiabilidade

❑ Segurança

A gestão da nuvem recebe o pedido do utilizador e encontra os recursos corretos. A nuvem chama os serviços de aprovisionamento que invocam os recursos na nuvem. O software de gestão da nuvem precisa de suportar máquinas físicas e virtuais

3.2 Tecnologias facilitadoras para as nuvens

Os utilizadores da nuvem podem exigir mais capacidade nos picos de procura, reduzir os custos, experimentar novos serviços e remover a capacidade desnecessária.

Os fornecedores de serviços podem aumentar a utilização do sistema através da multiplexagem, da virtualização e do aprovisionamento dinâmico de recursos.

As nuvens são possibilitadas pelo progresso nas tecnologias de hardware, software e redes

Os utilizadores da nuvem podem exigir mais capacidade nos picos de procura, reduzir os custos, experimentar novos serviços e remover a capacidade desnecessária.

Os fornecedores de serviços podem aumentar a utilização do sistema através da multiplexagem, da virtualização e do aprovisionamento dinâmico de recursos.

As nuvens são possibilitadas pelo progresso das tecnologias de hardware, software e redes.

Technology	Requirements and Benefits
Fast platform deployment	Fast, efficient, and flexible deployment of cloud resources to provide dynamic computing environment to users
Virtual clusters on demand	Virtualized cluster of VMs provisioned to satisfy user demand and virtual cluster reconfigured as workload changes
Multitenant techniques	SaaS for distributing software to a large number of users for their simultaneous use and resource sharing if so desired
Massive data processing	Internet search and web services which often require massive data processing, especially to support personalized services
Web-scale communication	Support for e-commerce, distance education, telemedicine, social networking, digital government, and digital entertainment applications
Distributed storage	Large-scale storage of personal records and public archive information which demands distributed storage over the clouds
Licensing and billing services	License management and billing services which greatly benefit all types of cloud services in utility computing

Tabela 1: Tecnologias de suporte à computação em nuvem em hardware, software e redes.

Uma arquitetura genérica de nuvem

A nuvem da Internet é concebida como um aglomerado maciço de servidores.

Os servidores são aprovisionados a pedido para executar serviços Web colectivos utilizando recursos do centro de dados.

A plataforma de nuvem é formada dinamicamente pelo provisionamento ou desprovisionamento de servidores, software e recursos de banco de dados.

Os servidores na nuvem podem ser máquinas físicas ou VMs.

As interfaces de utilizador são aplicadas para solicitar serviços.

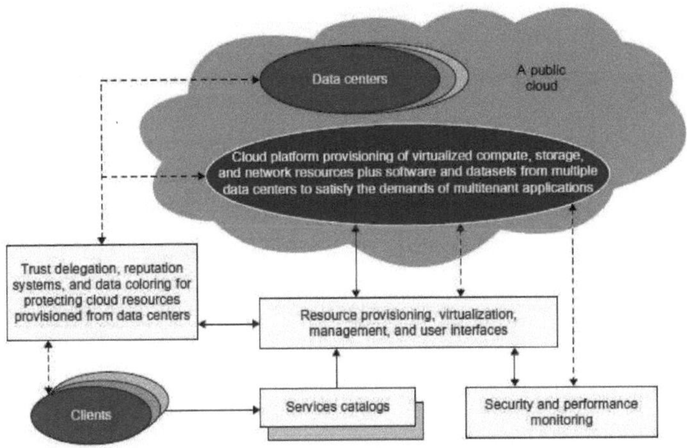

Os recursos de computação em nuvem estão integrados nos centros de dados.

Os centros de dados são normalmente detidos e operados por um fornecedor terceiro. Os consumidores não precisam de conhecer as tecnologias subjacentes

Numa nuvem, o software torna-se um serviço.

A nuvem exige um elevado grau de confiança em relação a grandes quantidades de dados obtidos a partir de grandes centros de dados.

A infraestrutura de software de uma plataforma de nuvem deve tratar automaticamente de toda a gestão e manutenção de recursos.

O software deve detetar o estado de cada servidor de nó que entra e sai.

Os fornecedores de computação em nuvem, como a Google e a Microsoft, construíram um grande número de centros de dados.

Cada centro de dados pode ter milhares de servidores.

A localização do centro de dados é escolhida para reduzir os custos de energia e refrigeração.

3.3 Desenvolvimento da arquitetura da nuvem em camadas

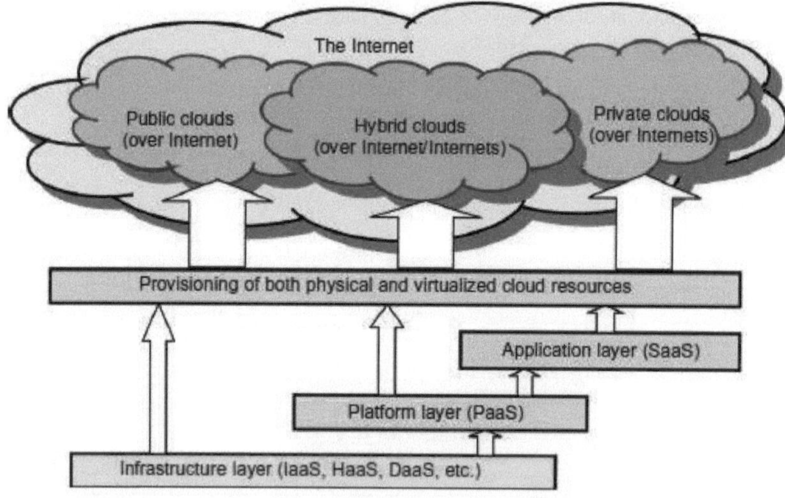

A arquitetura de uma nuvem é desenvolvida em três camadas

□ Infra-estruturas

□ Plataforma

□ Aplicação

Implementado com virtualização e padronização de recursos de hardware e software provisionados na nuvem.

Os serviços para nuvens públicas, privadas e híbridas são transmitidos aos utilizadores através do suporte de rede.

Camada de infra-estruturas

Base para a construção da camada de plataforma.

Criado com recursos virtualizados de computação, armazenamento e rede.

Proporcionar a flexibilidade exigida pelos utilizadores.

A virtualização permite o aprovisionamento automático de recursos e optimiza o processo de gestão da infraestrutura.

Camada de plataforma

Base para a implementação da camada de aplicação para aplicações SaaS.

Utilizado para utilização geral e repetida da coleção de recursos de software.

Fornece aos utilizadores um ambiente para desenvolverem as suas aplicações, testarem os fluxos de operação e monitorizarem os resultados da execução e o desempenho.

A plataforma deve ser capaz de garantir aos utilizadores que têm escalabilidade, fiabilidade e proteção de segurança.

Camada de aplicação

Recolha de todos os módulos de software necessários para as aplicações SaaS.

As aplicações de serviço neste nível incluem o trabalho diário de gestão de escritório, como a recuperação de informações, o processamento de documentos e os serviços de autenticação.

A camada de aplicação é também muito utilizada pelas empresas no marketing e nas vendas, na gestão das relações com os consumidores (CRM) e nas transacções financeiras.

Nem todos os serviços de nuvem estão limitados a um único nível.

Muitas aplicações podem aplicar recursos em camadas mistas.

Três camadas são construídas de baixo para cima com uma relação de dependência.

Arquitetura de nuvem orientada para o mercado

Arquitetura de alto nível para apoiar a atribuição de recursos orientada para o mercado num ambiente de computação em nuvem.

Os utilizadores ou os corretores que actuam em nome dos utilizadores submetem pedidos de serviço ao centro de dados.

Quando um pedido de serviço é apresentado pela primeira vez, o examinador do pedido de serviço interpreta o pedido apresentado quanto aos requisitos de QoS.

Aceitar ou rejeitar o pedido

Monitor de VM: Informações de status mais recentes sobre a disponibilidade de recursos.

Monitor de pedidos de serviço: Informações mais recentes sobre o estado do processamento da carga de trabalho

Mecanismo de fixação de preços: Decide como os pedidos de serviço são cobrados.

Mecanismo de contabilidade: Mantém a utilização efectiva dos recursos pelos pedidos para calcular o custo final.

O mecanismo do Monitor de VM mantém o controlo da disponibilidade das VMs e dos seus direitos a recursos.

O expedidor inicia a execução dos pedidos de serviço aceites nas máquinas virtuais atribuídas.

O mecanismo do Monitor de Pedidos de Serviço controla o progresso da execução dos pedidos de serviço.

Várias VMs podem ser iniciadas e paradas a pedido

3.4 ARQUITECTURA DE REFERÊNCIA DA NUVEM

Definições

Um modelo de computação e armazenamento de dados baseado no acesso "pay as you go" a capacidades "ilimitadas" de centros de dados remotos.

Uma infraestrutura de nuvem fornece uma estrutura para gerir um acesso escalável, fiável e a pedido às aplicações.

Os serviços em nuvem fornecem o backend "invisível" a muitas das nossas aplicações móveis.

Elevado nível de elasticidade do consumo.

Definição de nuvem do NIST:

O Instituto Nacional de Normas e Tecnologia (NIST) define a computação em nuvem como uma arquitetura.

A arquitetura é composta por 3 níveis

- ○ Modelo de implantação na nuvem

- ○ Modelo de serviço em nuvem

- ○ Caraterísticas essenciais da computação em nuvem

Caraterísticas essenciais 1

☐ Auto-atendimento a pedido.

Um consumidor pode fornecer unilateralmente capacidades de computação, como tempo de servidor e armazenamento em rede, conforme necessário e automaticamente, sem necessidade de interação humana com um fornecedor de serviços.

Caraterísticas essenciais 2

Acesso alargado à rede.

∘ As capacidades estão disponíveis na rede e são acedidas através de mecanismos normalizados que promovem a utilização por plataformas heterogéneas de clientes finos ou espessos (por exemplo, telemóveis, computadores portáteis e PDA), bem como por outros serviços de software tradicionais ou baseados na nuvem.

Caraterísticas essenciais 3

Agrupamento de recursos.

∘ Os recursos informáticos do fornecedor são agrupados para servir vários consumidores utilizando um modelo multilocatário, com diferentes recursos físicos e virtuais atribuídos e reatribuídos dinamicamente de acordo com a procura dos consumidores.

Caraterísticas essenciais 4

Rápida elasticidade.

∘ As capacidades podem ser rápida e elasticamente aprovisionadas - em alguns casos automaticamente - para serem rapidamente expandidas; e rapidamente libertadas para serem rapidamente expandidas.

∘ Para o consumidor, as capacidades disponíveis para aprovisionamento parecem muitas vezes ser ilimitadas e podem ser adquiridas em qualquer quantidade e em qualquer altura.

Caraterísticas essenciais 5

Serviço medido.

Os sistemas de computação em nuvem controlam e otimizam automaticamente a utilização dos recursos, tirando partido de uma capacidade de medição a um nível de abstração adequado ao tipo de serviço.

A utilização de recursos pode ser monitorizada, controlada e comunicada, proporcionando transparência tanto para o fornecedor como para o consumidor do serviço.

3.5 Modelo de implementação da nuvem

> Nuvem pública
>
> Nuvem privada
>
> Nuvem híbrida
>
> Nuvem comunitária

a. *Nuvem pública*

    ☐ Uma nuvem pública é aquela em que a infraestrutura de nuvem e

    os recursos de computação são disponibilizados ao público em geral através de uma rede pública.

- [ ] Uma nuvem pública destina-se a servir uma multidão (um grande número) de utilizadores e não um único cliente.

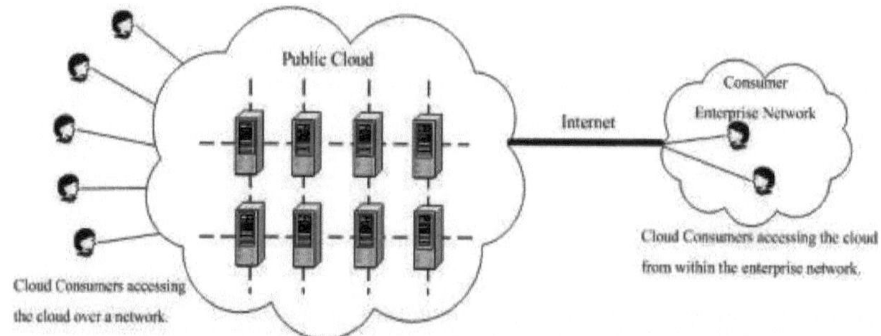

- [ ] Uma caraterística fundamental das nuvens públicas é a multitenancy.
- [ ] A multitenancy permite que vários utilizadores trabalhem num ambiente de software ao mesmo tempo, cada um com os seus próprios recursos.
- [ ] Criado através da Internet (ou seja, o fornecedor de serviços oferece recursos e armazenamento de aplicações aos clientes através da Internet) e pode ser acedido por qualquer utilizador.
- [ ] Pertencem a fornecedores de serviços e são acessíveis através de uma subscrição.
- [ ] A melhor opção para as pequenas empresas, que podem iniciar a sua atividade sem grandes investimentos iniciais.
- [ ] Ao alugar os serviços, os clientes puderam aumentar ou reduzir dinamicamente as suas TI de acordo com as exigências da sua atividade.
- [ ] Os serviços são oferecidos numa base de preço por utilização.
- [ ] Promove a normalização, preserva o investimento de capital
- [ ] As nuvens públicas têm centros de dados geograficamente dispersos para partilhar a carga dos utilizadores e servi-los melhor de acordo com as suas localizações
- [ ] O fornecedor tem o controlo da infraestrutura

Exemplos:

- [ ] O Amazon EC2 é uma nuvem pública que fornece Infraestrutura como um Serviço

- O Google AppEngine é uma nuvem pública que fornece a
Plataforma como um Serviço

- SalesForce.com é uma nuvem pública que fornece software como
um serviço.

Vantagem

- **Oferece escalabilidade ilimitada** - os recursos a pedido estão
disponíveis para satisfazer as suas necessidades comerciais.

- **Custos mais baixos - não é** necessário adquirir hardware ou
software e o utilizador paga apenas pelo serviço que utiliza.

- **Sem manutenção -** O prestador de serviços assegura a
manutenção.

- **Oferece fiabilidade:** Um vasto número de recursos está
disponível, pelo que a falha de um sistema não interrompe o
serviço.

- Serviços como SaaS, PaaS e IaaS estão facilmente disponíveis na
plataforma de Nuvem Pública, uma vez que podem ser acedidos a
partir de qualquer lugar através de qualquer dispositivo com acesso
à Internet.

- **Independente da localização** - os serviços podem ser acedidos
a partir de qualquer local

Desvantagem

- Sem controlo sobre a privacidade ou a segurança

- Não pode ser utilizado para a utilização de aplicações sensíveis (as
agências governamentais e militares não consideram a nuvem
pública)

- Falta de flexibilidade total (uma vez que depende do fornecedor)

- Ausência de protocolos rigorosos (estritos) relativos à gestão dos
dados

b. *Nuvem privada*

- Os serviços em nuvem são utilizados por uma única organização e
não são expostos ao público

- Os serviços são sempre mantidos numa rede privada e o hardware e o software são dedicados apenas a uma única organização
- A nuvem privada está fisicamente localizada em
- Instalações da organização [Nuvens privadas no local] **(ou)**
- Subcontratada (dada) a um terceiro [Subcontratar nuvens privadas].
- Pode ser gerido quer por
- Organização de consumidores em nuvem (ou)
- Por um terceiro
- As nuvens privadas são utilizadas por agências governamentais
- instituições financeiras
- Organizações de média e grande dimensão.
- Nuvens privadas no local

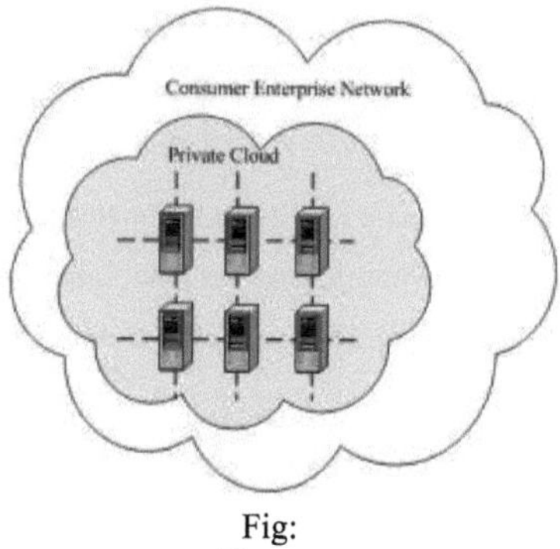

Fig:
Nuvens
privadas no
local

c. *Nuvem privada subcontratada*

- Supostamente, a nuvem é mais eficiente e conveniente

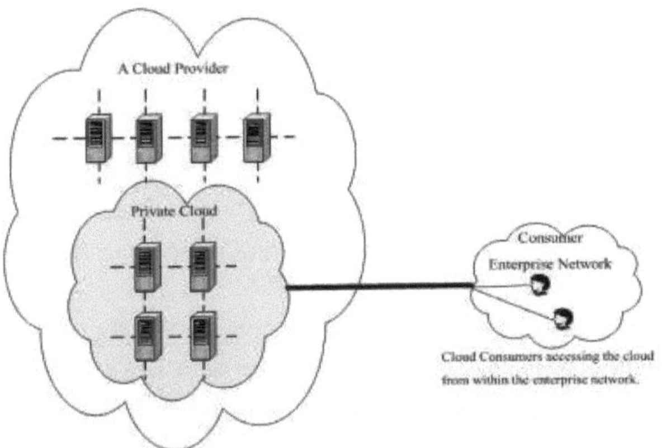

- Oferece maior eficiência, resiliência (para recuperar rapidamente), segurança e privacidade
- **Proteção das informações dos clientes**: A segurança interna é mais fácil de manter e de confiar.
- Segue os seus próprios procedimentos e operações padrão (organização privada) (enquanto que na nuvem pública são seguidos os procedimentos e operações padrão dos fornecedores de serviços)

Vantagem

- Oferece maior segurança e privacidade
- A organização tem controlo sobre os recursos
- Altamente fiável
- Poupa dinheiro ao virtualizar os recursos

Desvantagem

- Caro quando comparado com a nuvem pública
- Requer conhecimentos de TI para manter os recursos.

d. *Nuvem híbrida*

- Criado com nuvens públicas e privadas
- Trata-se de uma nuvem heterogénea resultante de uma nuvem privada e de uma nuvem pública.
- A nuvem privada é utilizada para

- □ as aplicações sensíveis são mantidas dentro da rede da organização
    - operações críticas para a empresa, como relatórios financeiros
- □ A Nuvem Pública é utilizada quando
    - Outros serviços são mantidos fora da rede da organização
    - grande volume de dados
    - Necessidades de menor segurança, como o correio eletrónico baseado na Web (Gmail, yahoo mail, etc.)
- □ Os recursos ou serviços são alugados temporariamente

durante o tempo necessário e depois libertados. Esta prática

também é conhecida como **cloud bursting.**

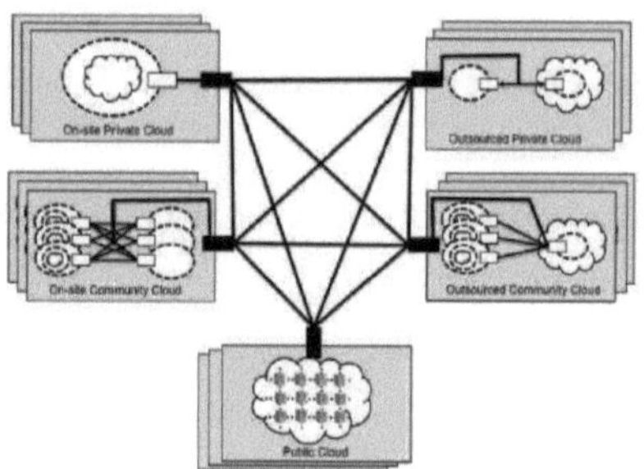

Fig: Nuvem
híbrida

Vantagem

- □ É escalável
- □ Oferece maior segurança
- □ Flexível - recursos adicionais são disponibilizados na nuvem pública quando necessário
- □ Relação custo-eficácia - só temos de pagar por recursos adicionais quando necessário.
- □ Controlo - A organização pode manter uma infraestrutura privada para aplicações sensíveis

Desvantagem

- □ Dependência de infra-estruturas
- □ Possibilidade de violação(ões) de segurança através da nuvem pública

3.6 Armazenamento em nuvem

Armazenamento dos seus dados no armazenamento de um fornecedor de serviços de nuvem em vez de num sistema local. Os dados armazenados na nuvem são acedidos através da Internet.

O fornecedor de serviços em nuvem fornece armazenamento como um serviço

Armazenamento como um serviço

O fornecedor terceiro aluga espaço no seu armazenamento aos utilizadores da nuvem.

Os clientes mudam para o armazenamento na nuvem quando não têm orçamento para ter o seu próprio armazenamento.

Os fornecedores de serviços de armazenamento assumem a responsabilidade de satisfazer as necessidades actuais de cópia de segurança, replicação e recuperação de desastres.

As pequenas e médias empresas podem utilizar o armazenamento em nuvem

O armazenamento é alugado ao fornecedor utilizando um custo por gigabyte armazenado (ou) custo por transferência de dados

O utilizador final não tem de pagar pela infraestrutura (recursos), tem de pagar apenas pela quantidade que transfere e poupa no armazenamento do fornecedor.

Fornecedores

O Google Docs permite aos utilizadores carregar documentos, folhas de cálculo e apresentações para

Servidores de dados da Google.

Esses ficheiros podem depois ser editados através de uma aplicação Google.

Os fornecedores de correio eletrónico da Web, como o Gmail, o Hotmail e o Yahoo! Mail, armazenam as mensagens de correio eletrónico nos seus próprios servidores.

Os utilizadores podem aceder ao seu correio eletrónico a partir de computadores e outros dispositivos ligados à Internet.

O Flicker e o Picasa alojam milhões de fotografias digitais e os utilizadores podem criar os seus próprios álbuns de fotografias online.

O YouTube aloja milhões de ficheiros de vídeo carregados pelos utilizadores.

A Host monster e a GoDaddy armazenam ficheiros e dados de muitos sítios Web de clientes.

O Facebook e o MySpace são sítios de redes sociais e permitem aos membros publicar fotografias e outros conteúdos. Esses conteúdos são armazenados nos servidores da empresa.

O MediaMax e o Strongspace oferecem espaço de armazenamento para qualquer tipo de dados digitais.

3.7 Segurança dos dados

Para proteger os dados, a maioria dos sistemas utiliza uma combinação de técnicas:

> O Encriptação
>
> O Autenticação
>
> O Autorização

Encriptação

O Os algoritmos são utilizados para codificar a informação. Para descodificar a informação são necessárias chaves.

Processos de autenticação

O Isto requer que um utilizador crie um nome e uma palavra-passe.

Práticas de autorização

O O cliente lista as pessoas que estão autorizadas a aceder às informações armazenadas no sistema de nuvem.

Se a informação estiver armazenada na nuvem, o chefe do departamento de TI pode ter acesso total e livre a tudo.

Fiabilidade

- Os fornecedores de serviços proporcionam fiabilidade aos dados através da redundância (manutenção de várias cópias dos dados).

A reputação é importante para os fornecedores de armazenamento em nuvem. Se houver a perceção de que o fornecedor não é fiável, não terá muitos clientes.

Vantagens

Os fornecedores de armazenamento em nuvem equilibram as cargas do servidor.

Mover dados entre vários centros de dados, garantindo que as informações são armazenadas perto e, por conseguinte, estão rapidamente disponíveis no local onde são utilizadas.

Permite proteger os dados em caso de catástrofe.

Alguns produtos são baseados em agentes e a aplicação transfere automaticamente as informações para a nuvem através de FTP

Desvantagem

Os dados do utilizador podem ser roubados ou vistos por pessoas que não estão autorizadas a vê-los.

Sempre que os dados do utilizador são deixados fora do seu próprio centro de dados, surgem problemas de risco do ponto de vista da segurança.

Se o utilizador armazenar dados na nuvem, certifique-se de que encripta os dados e protege o trânsito de dados com tecnologias como o **SSL**.

Capítulo 4
GESTÃO DE RECURSOS E SEGURANÇA NA NUVEM

4.1 Gestão de recursos entre nuvens

Nuvem de nuvens (Inter cloud)

 Inter cloud ou "nuvem de nuvens" - refere-se a um modelo teórico para serviços de computação em nuvem.

Combinação de muitas nuvens individuais diferentes numa massa sem descontinuidades em termos de operações a pedido.

A inter-nuvem limitar-se-ia a garantir que uma nuvem pudesse utilizar recursos fora do seu alcance.

Tirar partido de contratos pré-existentes com outros fornecedores de serviços de computação em nuvem.

Cada nuvem não dispõe de recursos físicos infinitos nem de uma pegada geográfica omnipresente.

Uma nuvem pode estar saturada com os recursos computacionais e de armazenamento da sua infraestrutura.

Continuaria a poder satisfazer os pedidos de atribuição de serviços enviados pelos seus clientes.

Uma única nuvem nem sempre pode satisfazer os pedidos ou fornecer os serviços necessários.

Quando duas ou mais nuvens têm de comunicar entre si, ou quando outro intermediário entra em ação e federa os recursos de duas ou mais nuvens.

Na inter-nuvem, o intermediário é conhecido como "corretor de nuvem" ou simplesmente "corretor".

O corretor é a entidade que apresenta o cliente de serviços em nuvem (CSC) ao fornecedor de serviços em nuvem (CSP).

4.2 Gestão de recursos entre nuvens

Consiste em

- Serviços alargados de computação em nuvem

- Provisionamento de recursos e gestão de plataformas

- Criação e gestão de máquinas virtuais

- Intercâmbio global de recursos na nuvem

- *Serviços alargados de computação em nuvem*

Seis camadas de serviços em nuvem

- Software como um serviço (SaaS)

- Plataforma como um serviço (PaaS)

- Infraestrutura como serviço (IaaS)

- Hardware / Virtualização Serviços em nuvem (HaaS)

- Serviços de rede em nuvem (NaaS)

- Serviços de Nuvem de Colocação (LaaS)

➢ A camada superior oferece SaaS, que fornece aplicações na nuvem.

➢ A PaaS assenta no topo da infraestrutura IaaS.

➢ As três camadas inferiores estão mais relacionadas com os requisitos físicos.

➢ A camada inferior fornece hardware como serviço (HaaS). O NaaS é utilizado para interligar todos os componentes de hardware

➢ A localização como serviço (LaaS) fornece segurança a todo o hardware físico e recursos de rede. Este serviço é também designado por Segurança como Serviço.

➢ O nível da infraestrutura de computação em nuvem pode ainda ser subdividido em

- Dados como um serviço (DaaS)

- Comunicação como um serviço (CaaS)

- Infraestrutura como serviço (IaaS)

➢ Os jogadores da nuvem dividem-se em três classes:

- Fornecedores de serviços em nuvem e administradores de TI

- Desenvolvedores ou vendedores de software

- Utilizadores finais ou utilizadores profissionais.

Jogadores na nuvem	IaaS	PaaS	SaaS
TI administradores/fornecedores de serviços em nuvem	Monitorizar SLAs	Monitorizar SLAs e ativar plataformas de serviço	Monitorizar SLAs e implementar software
Programadores de software (fornecedores)	Para implementar e armazenar dados	Plataformas de apoio	Desenvolver e implementar software

Utilizadores finais ou utilizadores profissionais	Para implementar e armazenar dados	Desenvolver e testar software	Utilizar software empresarial

Tarefas e tendências dos serviços em nuvem

- O SaaS é sobretudo utilizado para aplicações empresariais
- Por exemplo: CRM (Customer Relationship Management) utilizado para promoção comercial, vendas diretas e serviços de marketing
- A PaaS é fornecida pela Google, Salesforce.com, Facebook, etc.
- A IaaS é fornecida pela Amazon, Windows Azure e RackRack, etc.
- Serviços de colocação Fornece segurança às camadas inferiores.

Os serviços de rede em nuvem fornecem comunicações.

Pilha de software para computação em nuvem

- A estrutura da pilha de software do software de computação em nuvem pode ser vista como camadas.

- Cada camada tem o seu próprio objetivo e fornece a interface para as camadas superiores.

- As camadas inferiores não são completamente transparentes para as camadas superiores.

Serviços de suporte em tempo de execução

- O suporte em tempo de execução refere-se ao software necessário nas aplicações.

- O SaaS fornece as aplicações de software como um serviço, em vez de permitir que os utilizadores comprem o software.

- Do lado do cliente, não há investimento inicial em servidores.

Provisionamento de recursos (Providing) e implantação de plataformas

Existem técnicas para aprovisionar recursos informáticos ou VMs. O paralelismo é explorado ao nível dos nós do cluster.

Provisionamento de recursos de computação (VMs)

➢ Os fornecedores fornecem serviços de computação em nuvem assinando SLAs com os utilizadores finais.

➢ Os SLAs devem especificar recursos como

- CPU

- Memória

- Largura de banda

Os utilizadores podem utilizá-los durante um período pré-definido (fixo).

> O subaprovisionamento de recursos conduzirá à quebra de SLAs e a penalizações.

> O aprovisionamento excessivo de recursos conduzirá à subutilização dos mesmos e, consequentemente, a uma diminuição das receitas do fornecedor.

> A disponibilização de recursos aos utilizadores é um problema difícil. A dificuldade advém dos seguintes factores

  o Imprevisibilidade da procura por parte dos consumidores

  o Falhas de software e hardware

  o Heterogeneidade dos serviços

  o Gestão de energia

  o Conflitos nos acordos de nível de serviço assinados entre consumidores e fornecedores de serviços.

4.3 Intercâmbio global de recursos na nuvem

o Os fornecedores de infra-estruturas de computação em nuvem (ou seja, os fornecedores de IaaS) estabeleceram centros de dados em várias localizações geográficas para fornecer redundância e garantir a fiabilidade em caso de falhas no local.

o A Amazon não fornece mecanismos automáticos para escalar os seus serviços alojados em vários centros de dados distribuídos geograficamente.

o Esta abordagem tem muitas insuficiências

o Em primeiro lugar, é difícil para os clientes da computação em nuvem determinar antecipadamente a melhor localização para alojar os seus serviços, uma vez que podem não conhecer a origem dos consumidores dos seus serviços.

o Em segundo lugar, os fornecedores de SaaS podem não ser capazes de satisfazer as expectativas de QoS dos seus consumidores de serviços provenientes de múltiplas localizações geográficas.

o A figura mostra os componentes de alto nível da arquitetura InterCloud proposta pelo grupo de Melbourne

o Não é possível para um fornecedor de infra-estruturas de computação em nuvem estabelecer os seus centros de dados em todos os locais possíveis em todo o mundo.

o Isto resulta na dificuldade em satisfazer as expectativas de QOS dos seus clientes.

o Por conseguinte, são utilizados serviços de vários fornecedores de serviços de infra-estruturas de computação em nuvem.

o O coordenador da nuvem avalia os recursos disponíveis.

o A disponibilidade de um sistema bancário garante que as transacções financeiras relacionadas com os SLA sejam realizadas de forma segura.

o Ao concretizar os princípios da arquitetura InterCloud em mecanismos na sua oferta, os fornecedores de serviços de computação em nuvem poderão expandir ou

redimensionar dinamicamente a sua capacidade de aprovisionamento com base em picos súbitos na procura de cargas de trabalho, alugando capacidades computacionais e de armazenamento disponíveis a outras nuvens.
- o Consistem em serviços de intermediação de clientes e de coordenação que suportam a federação de nuvens orientada para a utilidade:
    - o programação de aplicações
    - o afetação de recursos
    - o migração de cargas de trabalho.
- o A arquitetura associa de forma coesa as capacidades de armazenamento e computação distribuídas de forma administrativa e topológica das nuvens como parte de uma única abstração de aluguer de recursos.
- o O sistema facilitará a integração de capacidades entre domínios para um acesso a pedido, flexível, energeticamente eficiente e fiável à infraestrutura baseada na tecnologia de virtualização
- o O Cloud Exchange (CEx) actua como um criador de mercado para reunir produtores e consumidores de serviços.
- o Agrega os pedidos de infra-estruturas dos corretores de aplicações e avalia-os em relação à oferta disponível atualmente publicada pelos coordenadores de nuvens.
- o Suporta o comércio de serviços em nuvem com base em modelos económicos competitivos, como os mercados de mercadorias e os leilões.
- o O CEx permite aos participantes localizar fornecedores e consumidores com ofertas adequadas.

Segurança

- o As máquinas virtuais de várias organizações têm de ser colocadas no mesmo servidor físico para maximizar a eficiência da virtualização.
- o Os fornecedores de serviços de computação em nuvem devem aprender com o modelo do fornecedor de serviços geridos (MSP) e garantir que as aplicações e os dados dos seus clientes estão seguros, se quiserem manter a sua base de clientes e a sua competitividade.
- o O ambiente de computação em nuvem deve estar isento de abusos, batota, pirataria informática, vírus, rumores e violações da privacidade e dos direitos de autor.

Desafios da segurança na nuvem

- o No modelo de nuvem, os utilizadores perdem o controlo sobre a segurança física.
- o Numa nuvem pública, os utilizadores partilham recursos de computação com outras empresas.
- o Quando os utilizadores partilham o ambiente na nuvem, os dados ficam em risco de serem apreendidos (atacados).
- o Os serviços de armazenamento fornecidos por um fornecedor de serviços em nuvem podem ser incompatíveis com outro
- o serviços do fornecedor, o que resulta na impossibilidade de passar de um para o outro.

o   Os vendedores criam "serviços fixos".

o   Os serviços "pegajosos" são os serviços que colocam o utilizador final em dificuldade durante o transporte de um fornecedor de serviços em nuvem para outro.

4.4 Desafios da governação da segurança na nuvem

Quer se trate de desenvolver um modelo de governação desde o início ou de ter de o adaptar aos investimentos existentes na nuvem, estes são alguns dos desafios comuns:

Falta de participação e adesão dos quadros superiores

A falta de uma política de segurança aprovada e influenciada pela gestão sénior é um dos desafios comuns enfrentados pelos clientes da nuvem. Uma política de segurança empresarial destina-se a definir o tom executivo, os princípios e as expectativas para a gestão e as operações de segurança na nuvem. No entanto, muitas empresas tendem a criar políticas de segurança que, muitas vezes, estão carregadas de conteúdo tático e carecem de influência executiva. O resultado dessa situação é a definição e a comunicação ineficazes do tom executivo e das expectativas de segurança na nuvem.

Falta de controlos operacionais de gestão integrados

Outro desafio comum à governação da segurança na nuvem é a falta de controlos de gestão integrados nos processos e procedimentos operacionais de segurança na nuvem. Os controlos são muitas vezes interpretados como uma lista de verificação do auditor ou reembalados como procedimentos e, como resultado, não são efetivamente incorporados nos processos e procedimentos operacionais de segurança como deveriam ser, para fins de otimização do valor e redução dos riscos operacionais do dia a dia. Esta falta de controlos integrados pode resultar em riscos operacionais que podem não ser aparentes para a empresa. Por exemplo, a configuração de segurança de um dispositivo pode ser modificada (evento de alteração) por um funcionário sem uma análise adequada do impacto comercial (controlo) da alteração. O resultado líquido poderia ser a introdução de fraquezas de segurança exploráveis que podem não ter sido aparentes com esta modificação.

Falta de modelo operacional, funções e responsabilidades

Muitas empresas que estão migrando para o ambiente de nuvem tendem a não ter um modelo operacional formal para a segurança, ou não têm funções e responsabilidades estratégicas e táticas devidamente definidas e operacionalizadas. Essa situação prejudica a eficácia de uma função/organização operacional e de gerenciamento de segurança para dar suporte à segurança na nuvem. Simplesmente, estabelecer uma hierarquia que inclua a designação de um funcionário responsável no topo, apoiado por um comitê de partes interessadas, uma equipe de gerenciamento, uma equipe operacional e o suporte de um provedor terceirizado (nessa ordem) pode ajudar uma empresa a gerenciar e controlar melhor a segurança na nuvem e proteger os investimentos associados de acordo com as metas comerciais da empresa.

Falta de métricas para medir o desempenho e o risco

Outro grande desafio para os clientes da nuvem é a falta de métricas definidas para medir o desempenho e os riscos de segurança - um problema que também impede a visibilidade executiva dos riscos reais de segurança na nuvem. Este desafio é diretamente atribuível à combinação de outros desafios discutidos acima. Por exemplo, uma métrica que mede quantitativamente o número de vulnerabilidades de segurança exploráveis em dispositivos anfitriões na nuvem ao longo do tempo pode ser aproveitada como um indicador de risco no ambiente do dispositivo anfitrião. Da mesma forma, uma métrica que mede o número de incidentes de segurança relatados pelos utilizadores durante um determinado período pode ser utilizada como um indicador de desempenho dos esforços de sensibilização e formação do pessoal. As métricas permitem a visibilidade executiva da medida em que o tom e as expectativas de segurança (de acordo com a política estabelecida) estão a ser cumpridos na empresa e apoiam a tomada de decisões rápidas para reduzir os riscos ou recompensar o desempenho, conforme adequado. Os desafios descritos acima destacam claramente a necessidade de os clientes da nuvem estabelecerem uma estrutura para gerir e apoiar eficazmente a segurança na gestão da nuvem, de modo a que a prossecução dos objectivos comerciais não seja potencialmente comprometida. A menos que o tom e as expectativas para a segurança da nuvem sejam estabelecidos (através de uma política empresarial) para conduzir processos e procedimentos operacionais com controlos de gestão incorporados, é muito difícil determinar ou avaliar o valor comercial, o desempenho, a eficácia dos recursos e os riscos relativos às operações de segurança na nuvem. A governação da segurança na nuvem facilita a instituição de um modelo que ajuda as empresas a enfrentar explicitamente os desafios descritos acima.

4.5 Principais objectivos da governação da segurança na nuvem

A criação de um modelo de governação da segurança da nuvem para uma empresa requer competências de gestão de segurança de nível estratégico em combinação com a utilização de normas e estruturas de segurança adequadas (por exemplo, NIST, ISO, CSA) e a adoção de uma estrutura de governação (por exemplo, COBIT). O primeiro passo é visualizar a estrutura global de governação, os componentes inerentes e orientar a sua conceção e implementação eficazes. A utilização de normas e estruturas de segurança adequadas permite a implementação de um padrão mínimo de controlos de segurança na nuvem, ao mesmo tempo que cumpre as obrigações de conformidade do cliente e regulamentares, quando aplicável. Uma estrutura de governação fornece orientação referencial e melhores práticas para estabelecer o modelo de governação para a segurança na nuvem. O que se segue representa os principais objectivos a prosseguir no estabelecimento de um modelo de governação para a segurança na nuvem. Esses objetivos assumem que os padrões de segurança apropriados e uma estrutura de governança foram escolhidos com base nas metas de negócios da empresa, no perfil do cliente e nas obrigações para proteger os dados e outros ativos de informação no ambiente de nuvem.

1. Alinhamento estratégico

As empresas devem exigir que os investimentos em segurança, os serviços e os projectos na nuvem sejam executados para atingir os objectivos comerciais estabelecidos (por exemplo, competitividade no mercado, desempenho financeiro ou operacional).

2. Entrega de valor

As empresas devem definir, operacionalizar e manter uma função/organização de segurança adequada, com representação estratégica e tática apropriada, e com a responsabilidade de maximizar o valor comercial (indicadores de objectivos principais, ROI) da prossecução de iniciativas de segurança na nuvem.

3. Mitigação de riscos

As iniciativas de segurança na nuvem devem estar sujeitas a medições que avaliem a eficácia na mitigação do risco para a empresa (indicadores-chave de risco). Essas iniciativas também devem produzir resultados que demonstrem progressivamente uma redução desses riscos ao longo do tempo.

4. Utilização eficaz dos recursos

É importante que as empresas estabeleçam um modelo operacional prático para a gestão e execução de operações de segurança na nuvem, incluindo a definição e operacionalização adequadas dos processos devidos, a instituição de funções e responsabilidades apropriadas e a utilização de ferramentas relevantes para uma eficiência e eficácia globais.

5. Desempenho sustentado

As iniciativas de segurança na nuvem devem ser mensuráveis em termos de desempenho, valor e risco para a empresa (indicadores-chave de desempenho, indicadores-chave de risco) e produzir resultados que demonstrem o alcance dos objectivos desejados (indicadores-chave de objectivos) ao longo do tempo.

4.6 Gestão dos riscos

- A gestão eficaz dos riscos implica a identificação dos activos tecnológicos; a identificação dos dados e das suas ligações a processos empresariais, aplicações e armazenamentos de dados; e a atribuição de responsabilidades de propriedade e de custódia.

- As acções devem também incluir a manutenção de um repositório de activos de informação

- Deve ser criado um processo de avaliação de riscos que atribua recursos de segurança relacionados com a continuidade das actividades.

Avaliação dos riscos

- A avaliação dos riscos de segurança é fundamental para ajudar a organização da segurança da informação a tomar decisões informadas ao equilibrar as prioridades duplas da utilidade comercial e da proteção dos activos.

- A falta de atenção à conclusão de avaliações de risco formalizadas pode contribuir para um aumento das constatações de auditoria de segurança da informação, pode comprometer os objectivos de certificação e pode levar a uma seleção ineficiente e ineficaz de controlos de segurança que podem não mitigar adequadamente os riscos de segurança da informação para um nível aceitável.

Gestão da carteira de títulos (seleção)

- A gestão da carteira de segurança garante o funcionamento eficiente e eficaz de qualquer informação.

Sensibilização para a segurança

- O facto de não proporcionar uma sensibilização e formação adequadas às pessoas que delas possam necessitar pode expor a empresa a uma série de riscos de segurança

Políticas, normas e diretrizes

- São desenvolvidas políticas, normas e diretrizes que podem assegurar a coerência do desempenho.

Ciclo de vida de desenvolvimento de software seguro (SecSDLC)

- O SecSDLC envolve a identificação de ameaças e riscos específicos. O SDLC é composto por seis fases

Fase 1. Investigação: Definir os objectivos do projeto e documentá-los.

Fase 2. Análise: Analisar as ameaças actuais e efetuar uma análise de risco.

Fase 3. Conceção lógica: Desenvolver um projeto (plano) de segurança e respostas comerciais a catástrofes.

Fase 4. Conceção física: -Selecionar tecnologias para apoiar o projeto (plano) de segurança.

Fase 5. Implementação: Comprar ou desenvolver soluções de segurança.

Fase 6. Manutenção: Monitorizar, testar, modificar, atualizar e reparar constantemente para responder à evolução das ameaças.

4.7 Monitorização da segurança e resposta a incidentes

- Devem ser utilizados sistemas centralizados de gestão da segurança para notificar as vulnerabilidades de segurança e monitorizar continuamente os sistemas.

Plano de continuidade das actividades

O plano de continuidade das actividades assegura a continuidade das operações da empresa.

Forense

A análise forense inclui o registo e a análise de eventos para determinar a natureza e a origem do abuso de informações, ataques à segurança e outros incidentes semelhantes.

Conceção da arquitetura de segurança

Deve ser estabelecido um quadro de arquitetura de segurança com as seguintes considerações

1. autenticação

2. autorização

3. Disponibilidade

4. confidencialidade

5. Integridade

6. Privacidade

Avaliação da vulnerabilidade

- A avaliação da vulnerabilidade classifica os activos de rede para dar prioridade de forma mais eficiente aos programas de atenuação da vulnerabilidade, como a aplicação de patches e a atualização do sistema.

- Mede a eficácia da atenuação dos riscos através da definição de objectivos de redução da exposição à vulnerabilidade e de uma atenuação mais rápida

Teste de garantia da palavra-passe

- Se a equipa de segurança SaaS ou os seus clientes pretenderem testar periodicamente a força da palavra-passe executando

- Os "crackers" de palavras-passe podem utilizar a computação em nuvem para diminuir o tempo de crack e pagar apenas pelo que utilizam.

Imagens de segurança:

- A computação em nuvem baseada em virtualização oferece a capacidade de criar compilações seguras de VMs de "imagem dourada" e de clonar várias cópias.

- As VMs de imagem dourada também oferecem a capacidade de manter a segurança actualizada e reduzir a exposição através da aplicação de patches offline.

Privacidade dos dados

- Consoante a dimensão da organização e a escala das operações, deve ser atribuída a um indivíduo ou a uma equipa a responsabilidade pela manutenção da privacidade.

- Um membro da equipa de segurança que seja responsável pela privacidade ou pela equipa de conformidade de segurança deve colaborar com a equipa jurídica da empresa para **resolver questões e preocupações relacionadas com a privacidade dos dados.**

- A contratação de um consultor na área da privacidade, irá garantir que a sua organização está preparada para responder às exigências de privacidade de dados dos seus clientes e entidades reguladoras.

Governação de dados

O quadro de governação de dados deve incluir

_ Inventário de dados

_ Classificação dos dados

_ Análise de dados (business intelligence)

_ Proteção de dados

Privacidade dos dados

Retenção/recuperação/descoberta de dados

_ Destruição de dados

Segurança dos dados

O desafio da computação em nuvem é a segurança a nível dos dados. A segurança dos dados é dada por

Encriptar os dados

Permitir que apenas determinados utilizadores acedam aos dados. Restringir os dados para que não atravessem a fronteira do país.

Por exemplo, com a segurança ao nível dos dados, a empresa pode especificar que estes dados não podem ser enviados para fora da Índia.

Segurança das aplicações

Trata-se de um esforço de colaboração entre a equipa de segurança e a equipa de desenvolvimento de produtos.

Processos de segurança das aplicações o Orientações para a codificação segura o Formação

o Scripts de teste

o Ferramentas

Os testes de penetração são efectuados a um sistema ou aplicação.

Os testes de penetração são definidos como um tipo de teste de segurança utilizado para testar as **áreas inseguras do** sistema ou **da** aplicação.

O objetivo destes testes é encontrar todas as vulnerabilidades de segurança presentes no sistema que está a ser testado.

Os fornecedores de SaaS devem proteger as suas aplicações Web seguindo as diretrizes do Open Web Application Security Project (OWASP) para o desenvolvimento seguro de aplicações, bloqueando portas e comandos desnecessários

4.8 Segurança de máquinas virtuais

No ambiente de nuvem, os servidores físicos são consolidados (combinados) em várias instâncias de máquinas virtuais.

Os seguintes são implementados em máquinas virtuais para garantir a segurança

  o Firewalls

  o Deteção e prevenção de intrusões

  o Controlo da integridade

  o Inspeção dos registos

Os servidores virtuais têm requisitos de segurança idênticos aos dos servidores físicos. O mesmo se aplica às aplicações e serviços que alojam. A virtualização oferece vantagens em termos de segurança: cada máquina virtual tem um contexto de segurança privado, potencialmente com regras de autenticação e autorização separadas e com espaços separados para processos, nomes e sistemas de ficheiros. A implementação de aplicações em máquinas virtuais separadas proporciona um melhor controlo de segurança em comparação com a execução de várias aplicações no mesmo sistema operativo anfitrião: a penetração no sistema operativo de uma máquina virtual não compromete necessariamente a carga de trabalho e os dados que residem noutras máquinas virtuais. No entanto, devem ser tidas em conta algumas práticas para evitar que a virtualização introduza vulnerabilidades de segurança.

Um aspeto é a segurança física. A infraestrutura virtual não é tão "visível" como a infraestrutura física: não existe uma etiqueta adesiva numa máquina virtual para indicar o seu objetivo e classificação de segurança. Se um centro de dados identifica servidores com requisitos de segurança extremamente elevados e os isola fisicamente numa sala ou jaula fechada à chave para impedir a manipulação ou o roubo de dados, então as máquinas físicas que alojam os seus volumes de trabalho virtualizados devem ser isoladas de forma semelhante. Mesmo sem áreas seguras, muitas instituições mantêm cargas de trabalho de diferentes classes de segurança em servidores diferentes. Essas mesmas regras de isolamento aplicam-se às máquinas virtuais. Deve-se ter cuidado para garantir que as máquinas virtuais protegidas não sejam migradas para um servidor em um local menos seguro. No contexto do Oracle VM, isto implica manter pools de servidores separados, cada um com o seu próprio grupo de servidores.

Estas regras de isolamento também devem ser aplicadas à rede: não existem cabos de rede codificados por cores para ajudar a equipa a identificar e isolar diferentes rotas, segmentos e tipos de tráfego de rede de e para máquinas virtuais ou entre elas. Não existem indicadores visuais que ajudem a garantir que o tráfego de aplicações, de gestão e de cópia de segurança é mantido separado. Em vez de ligar os cabos de rede a diferentes interfaces físicas e comutadores, o administrador do Oracle VM tem de garantir que as interfaces de rede virtual estão ligadas a redes virtuais separadas. Especificamente, utilize VLANs para isolar as máquinas virtuais umas das outras e atribua redes virtuais para tráfego de máquinas virtuais a interfaces físicas diferentes das utilizadas para gestão, armazenamento ou cópia de segurança. Tudo isto pode ser controlado a partir da interface de utilizador do Oracle VM Manager. Certifique-se de que a migração segura em tempo real está selecionada para garantir que os dados de memória da máquina virtual não são enviados através do cabo sem serem encriptados.

É necessário ter cuidado adicional com as imagens de disco de máquinas virtuais. Na maior parte dos casos, os discos virtuais são disponibilizados através da rede para efeitos de migração e ativação pós-falha. Em muitos casos, são ficheiros que podem ser facilmente copiados e roubados se a segurança do armazenamento em rede for comprometida. Por conseguinte, é essencial bloquear os ambientes NAS ou SAN e impedir o acesso não autorizado. Um intruso com acesso root a uma estação de trabalho na rede de armazenamento pode montar activos de armazenamento e copiar ou alterar o seu conteúdo. Utilize uma rede separada para a transmissão entre os servidores de armazenamento e os anfitriões Oracle VM para garantir que o seu tráfego não é tornado público e sujeito a ser bisbilhotado. Certifique-se de que indivíduos não autorizados não têm permissão para iniciar sessão nos servidores Oracle VM, uma vez que isso lhes daria acesso às imagens de disco virtual dos convidados e, potencialmente, a muito mais.

Todos estes passos requerem o controlo do acesso às instâncias de domínio 0 do Oracle VM Manager e do Oracle VM Server. O acesso à rede a estes anfitriões deve ser feito numa rede privada e as contas de utilizador capazes de iniciar sessão em qualquer um dos servidores no ambiente Oracle VM devem ser rigorosamente controladas e limitadas ao menor número possível de indivíduos.

4.9 Arquitetura de gestão da identidade e do acesso (IAM)

Conceito básico e definições das funções de IAM para qualquer serviço:

o Autenticação - é um processo de verificação da identidade de um utilizador ou de um sistema. Em alguns casos de utilização, como a interação entre serviços, a autenticação envolve a verificação do serviço de rede.

o Autorização - é um processo de determinação dos privilégios a que o utilizador ou sistema tem direito, uma vez estabelecida a identidade. A autorização segue-se normalmente ao passo de autenticação e é utilizada para determinar se o utilizador ou serviço tem os privilégios necessários para efetuar determinadas operações.

o Auditoria - A auditoria implica o processo de análise e exame da autenticação, dos registos de autorização e das actividades para determinar a adequação dos controlos do sistema IAM, para verificar as queixas em relação às políticas e procedimentos de segurança estabelecidos, para detetar violações nos serviços de segurança e para recomendar quaisquer alterações que se justifiquem para medidas de combate

Arquitetura e prática de IAM

o O IAM não é uma solução monolítica que possa ser facilmente implementada para obter capacidades de imediato. É tanto um aspeto da arquitetura como um conjunto de componentes tecnológicos, processos e práticas padrão. A arquitetura padrão do IAM empresarial engloba vários níveis de tecnologia, serviços e processos. No centro da arquitetura de implementação está um serviço de diretório (como o

o LDAP ou Active Diretory) que funciona como um repositório para a identidade, credenciais e atributos de utilizador do conjunto de utilizadores da organização. O diretório interage com os componentes tecnológicos do IAM, como a autenticação, a gestão de utilizadores, o aprovisionamento e os serviços de federação que suportam a prática e os processos padrão do IAM na organização.

- o Os processos de IAM para apoiar a atividade podem ser classificados, em termos gerais, da seguinte forma:
- o Gestão de utilizadores: Actividades para a governação e gestão eficazes dos ciclos de vida da identidade
- o Gestão da autenticação: Actividades para a governação e gestão eficazes do processo de determinação de que uma entidade é quem ou o que afirma ser.
- o Gestão de autorizações: Actividades para a governação e gestão eficazes do processo de determinação dos direitos que decidem quais os recursos a que uma entidade pode aceder de acordo com as políticas da organização.
- o Gestão do acesso: Aplicação de políticas de controlo de acesso em resposta a um pedido de uma entidade (utilizador, serviços) que pretende aceder a um recurso informático dentro da organização.
- o Gestão e aprovisionamento de dados: Propagação de identidade e dados para autorização de recursos de TI através de processos automatizados ou manuais.
- o Monitorização e auditoria: Monitorização, auditoria e comunicação da conformidade dos utilizadores relativamente ao acesso a recursos dentro da organização com base nas políticas definidas.
- o Os processos IAM suportam as seguintes actividades operacionais:
- o Provisionamento: O aprovisionamento pode ser considerado como uma combinação das funções do
- o recursos humanos e departamentos de TI, onde os utilizadores recebem acesso a repositórios de dados ou sistemas, aplicações e bases de dados com base numa identidade de utilizador única. O desprovisionamento funciona de forma oposta, resultando na eliminação ou desativação de uma identidade ou de privilégios atribuídos à identidade do utilizador.
- o Gestão de credenciais e atributos: Estes processos são concebidos para gerir o ciclo de vida das credenciais e dos atributos do utilizador - criar, emitir, gerir, revogar - para

uma utilização inadequada da conta. As credenciais estão normalmente associadas a um indivíduo e são verificadas durante o processo de autenticação. Os processos incluem o aprovisionamento de atributos, credenciais estáticas (por exemplo, palavra-passe de texto padrão) e dinâmicas (por exemplo, palavra-passe de uso único) que cumprem uma norma de palavra-passe (por exemplo, palavras-passe resistentes a ataques de dicionário), gestão da expiração de palavras-passe, gestão da encriptação de credenciais durante o trânsito e em repouso e políticas de acesso de atributos de utilizador (privacidade e tratamento de atributos por várias razões regulamentares).

o Gestão de direitos: Os direitos também são referidos como políticas de autorização. Os processos neste domínio abordam o aprovisionamento e desprovisionamento de privilégios necessários para o utilizador aceder a recursos, incluindo sistemas, aplicações e bases de dados. A gestão adequada dos direitos garante que apenas os privilégios necessários são atribuídos aos utilizadores.

o Gestão da conformidade: Este processo implica que os direitos e privilégios de acesso sejam monitorizados e controlados para garantir a segurança dos recursos de uma empresa. O processo também ajuda os auditores a verificar a conformidade com várias políticas e normas de controlo de acesso interno, que incluem práticas como a separação de funções, a monitorização do acesso, a auditoria periódica e a elaboração de relatórios. Um exemplo é um processo de certificação de utilizadores que permite aos proprietários de aplicações certificar que apenas os utilizadores autorizados têm os privilégios necessários para aceder a informações sensíveis para a empresa.

o Gestão da federação de identidades: A federação é o processo de gestão das relações de confiança estabelecidas para além dos limites da rede interna ou dos limites do domínio administrativo entre organizações distintas. Uma federação é uma associação de organizações que se reúnem para trocar informações sobre os seus utilizadores e recursos para permitir colaborações e transacções.

Centralização da autenticação (authN) e autorização (authZ): Uma infraestrutura central de autenticação e autorização alivia a necessidade de os programadores de aplicações criarem funcionalidades personalizadas de autenticação e autorização nas suas aplicações. Além disso, promove uma arquitetura de acoplamento flexível em que as aplicações se tornam agnósticas em relação aos métodos e políticas de autenticação. Esta abordagem é também designada por -externalização de authN e authZ das aplicações

Padrões e especificações de IAM para organizações: As seguintes normas e especificações de IAM ajudarão as organizações a implementar práticas e processos eficazes e eficientes de gerenciamento de acesso de usuários na nuvem. Estas secções estão ordenadas por quatro grandes desafios na gestão de utilizadores e de acesso enfrentados pelos utilizadores da nuvem:

1. Como posso evitar a duplicação de identidade, atributos e credenciais e proporcionar uma experiência de utilizador de início de sessão único aos meus utilizadores? SAML.

2. Como posso aprovisionar automaticamente contas de utilizador com serviços de nuvem e automatizar o processo de aprovisionamento e desprovisionamento? SPML.

Referências:

1. Aminian, M., Shahbazzadeh, M. J., & Eslami, M. (2024). O funcionamento e a regulação eficazes dos sistemas de energia dependem crucialmente da coordenação dos relés de sobrecorrente à distância e direcionais. *Journal of Cloud Computing*, *13*(109). https://doi.org/10.1186/s13677-024-00299-3

2. Zhang, Z., Xu, C., Xu, S., Huang, L., & Zhang, J. (2024). Para uma programação e alocação otimizadas de recursos heterogêneos por meio do algoritmo EPSO aprimorado por gráfico. *Journal of Cloud Computing*, *13*(108). https://doi.org/10.1186/s13677-024-00298-4

3. Huang, R., Ma, T., Rong, H., Huang, K., Bi, N., Liu, P., & Du, T. (2024). Modelagem aprimorada por tópico e conhecimento para vinculação de identidade de usuário IoT habilitada para borda em redes sociais. *Journal of Cloud Computing*, *13*(107). https://doi.org/10.1186/s13677-024-00297-5

4. Liu, P., Li, X., Zang, B., & Diao, G. (2024). Fusão e previsão de dados desportivos com preservação da privacidade com dispositivos inteligentes em ambiente distribuído. *Journal of Cloud Computing*, *13*(106). https://doi.org/10.1186/s13677-024-00296-6

5. Kumar, K. K., Nutakki, M., Koduru, S., & Mandava, S. (2024). Máquina de vetor de suporte quântico para prever o consumo de energia da casa: Um estudo comparativo com modelos de aprendizagem profunda. *Journal of Cloud Computing*, *13*(105). https://doi.org/10.1186/s13677-024-00295-7

6. Raj, P., & Saxena, A. (2019). *Cloud Computing: A Practitioner's Guide*. Springer.

7. Erl, T., Puttini, R., & Mahmood, Z. (2013). *Cloud Computing: Concepts, Technology & Architecture*. Prentice Hall.

3. Sosinsky, B. (2010). *Cloud Computing Bible* (Bíblia da computação em nuvem). Wiley.

9. Programa de computação em nuvem do NIST. (n.d.). Recuperado de https://www.nist.gov/programs-projects/nist-cloud-computing-program

10. Amazon Web Services (AWS) - Serviços de computação em nuvem. (n.d.). Recuperado de https://aws.amazon.com/

yes
I want morebooks!

Buy your books fast and straightforward online - at one of world's fastest growing online book stores! Environmentally sound due to Print-on-Demand technologies.

Buy your books online at
www.morebooks.shop

Compre os seus livros mais rápido e diretamente na internet, em uma das livrarias on-line com o maior crescimento no mundo! Produção que protege o meio ambiente através das tecnologias de impressão sob demanda.

Compre os seus livros on-line em
www.morebooks.shop

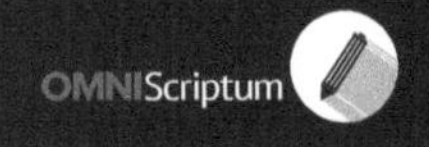